2017 版

《建设工程施工合同（示范文本）》（GF-2017-0201）条文注释与应用指南

主编　宿　辉　何佰洲

中国建筑工业出版社

图书在版编目（CIP）数据

2017版《建设工程施工合同（示范文本）》(GF—2017—0201)条文注释与应用指南/宿辉，何佰洲主编. —北京：中国建筑工业出版社，2018.1 (2025.4重印)

ISBN 978-7-112-21724-3

Ⅰ.①2… Ⅱ.①宿… ②何… Ⅲ.①建筑工程-经济合同-范文-中国-指南 ②建筑工程-经济合同-合同法-法律解释-中国-指南 Ⅳ.①TU723.1-62 ②D923.65-62

中国版本图书馆CIP数据核字（2017）第319606号

* * *

责任编辑：刘　江　张智芊

责任校对：焦　乐

2017版《建设工程施工合同（示范文本）》
(GF－2017－0201)
条文注释与应用指南

主编　宿　辉　何佰洲

*

中国建筑工业出版社出版、发行（北京海淀三里河路9号）

各地新华书店、建筑书店经销

北京红光制版公司制版

北京中科印刷有限公司印刷

*

开本：787×1092毫米　1/16　印张：9¾　字数：218千字

2018年1月第一版　2025年4月第八次印刷

定价：32.00元

ISBN 978-7-112-21724-3

(31544)

前　　言

2017 年 9 月 22 日，住房和城乡建设部、国家工商行政管理总局联合发布建市〔2017〕214 号文件，对《建设工程施工合同（示范文本）》（GF—2013—0201）进行了修订，制定《建设工程施工合同（示范文本）》（GF—2017—0201），并自 2017 年 10 月 1 日起正式执行。这是我国自 1991 年首次实行建设工程合同示范文本制度以来，对合同文本的第四次修订。

2013 版施工合同示范文本执行以来，对于规范我国建筑市场交易行为、更为合理地分配发承包双方项目风险起到了积极作用。同时，近年来我国建筑行业的持续健康发展也面临重大困难和历史机遇。建筑业作为国民经济的支柱产业仍然大而不强，监管体制机制不健全、工程建设组织方式落后、建筑设计水平有待提高、质量安全事故时有发生、市场违法违规行为较多、企业核心竞争力不强、工人技能素质偏低等问题较为突出。

建设工程缺陷维修和质量保修机制设计不够科学是一个较为典型的问题。导致大量作为质量保修金的工程款长期扣留在发包人一方，既无法发挥资金价值，又加重了建筑业企业的经营负担。为进一步深化建筑业"放管服"改革，国务院办公厅 2016 年 6 月 27 日发布《国务院办公厅关于清理规范工程建设领域保证金的通知》（国办发〔2016〕49 号），清理规范工程建设领域保证金，除依法依规设立的投标保证金、履约保证金、工程质量保证金、农民工工资保证金外，其他保证金一律取消。

2017 版示范文本主要是根据《住房和城乡建设部、财政部关于印发建设工程质量保证金管理办法的通知》（建质〔2017〕138 号）中对缺陷责任期及工程质量保证金的修改内容，对 2013 版示范文本的通用合同条款、专用合同条款及附件中与缺陷责任期和工程质量保证金有关的条款进行修改和完善。

本书以 2017 版施工合同示范文本为对象，重点完成了以下三个方面的工作，其一是对协议书和通用条款部分进行了合同文本注释，以方便项目参与各方能够更为准确地把握条款的含义；其二是对于合同专用条款和合同附件部分提供了填写范例；其三是结合最高人民法院近年来形成的、较为稳定的裁判规则和裁判观点，使合同的使用者能够明晰司法机关对于合同履行中各种情形的裁判旨趣。

本书由宿辉和何佰洲共同编写，东北林业大学顾永才副教授对于本书亦有重要贡献。吉林功承律师事务所朴一梅、姚甜甜和于乐等律师为本书编写提供了辛勤的资料整理工作。何佰洲教授作为我国较早从事工程法律研究和工程合同管理的学者，全程参与了施工合同示范文本的历次修订工作。但是囿于建设工程施工合同牵涉主体众多、法律关系复杂，作者于本书中的观点仍可能不尽准确，甚或存有编谬，希望合同各方和广大读者能够批评指正，提出宝贵的意见和建议。

目　　录

2017 版《建设工程施工合同（示范文本）》典型事件顺序

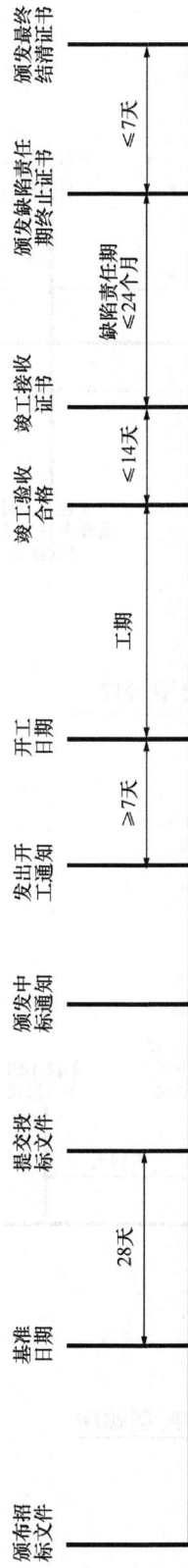

颁布招标文件	基准日期	提交投标文件	颁发中标通知	发出开工通知	开工日期	竣工验收合格	竣工接收证书	颁发缺陷责任期终止证书	颁发最终结清证书
	← 28天 →			← ≥7天 →	← 工期 →		← ≤14天 →	缺陷责任期 ≤24个月	← ≤7天 →

施工合同中主要事项的典型顺序

承包人提交进度
付款申请单　　　监理人审查

发包人签发
进度款支付证书

发包人支付
进度款

进度款　　　≤7天　　　≤7天　　　　≤14天

竣工
结算　　　　　≤14天　　　　　≤14天　　　　　≤14天

承包人提交
最终结算申请

监理人审核

发包人审批
监理人签发竣工
付款证书

发包人完成
竣工付款

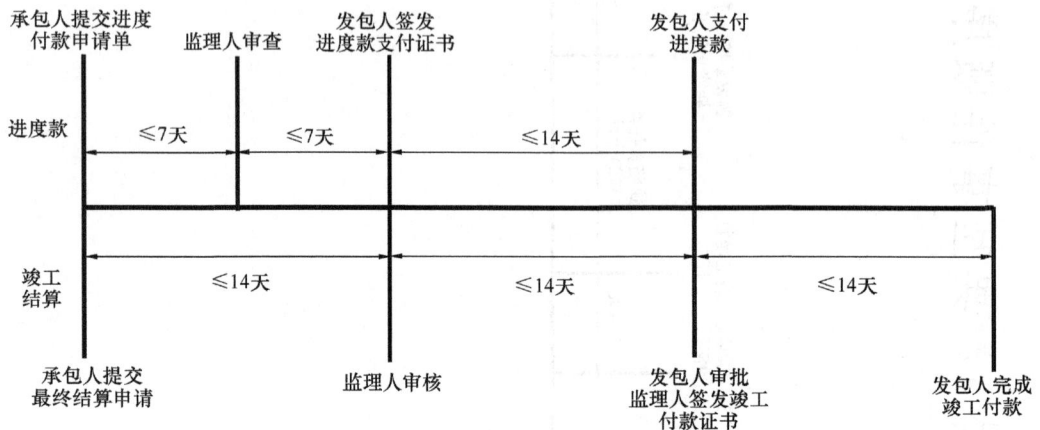

付款事项的典型顺序

签订合同

双方选定
争议评审员

一方向争议
评审小组
提交争议

争议小组
作出决定

申请仲裁或
提起诉讼

≤28天

≤14天

任何一方不
接受争议评
审决定的

争议解决的典型顺序

承包人知道或应当知道索赔事件发生之日 ≤28天 向监理人递交索赔意向通知书 ≤28天 向监理人正式递交索赔报告 索赔时间影响结束 ≤28天 向监理人正式递交最终索赔报告 承包人不接受索赔处理结果的，按争议解决约定处理

≤14天 监理人将索赔报告报送发包人 ≤28天 由监理人出具经发包人签任的索赔处理结果

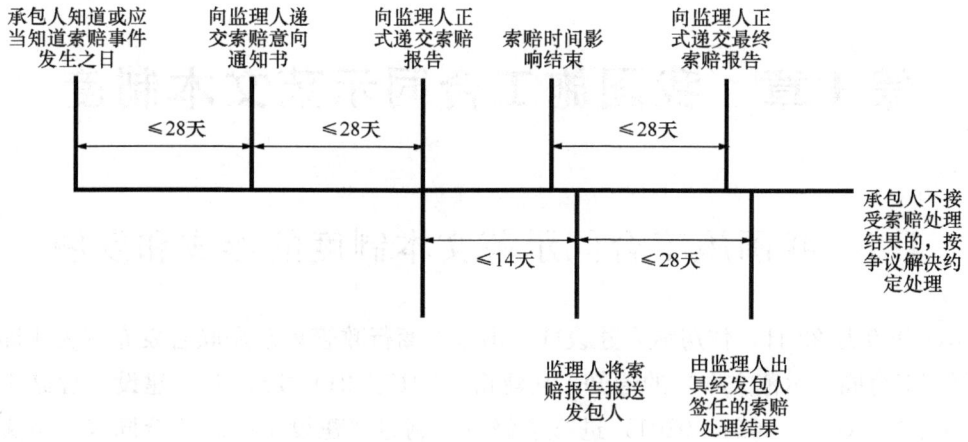

承包人索赔的典型顺序

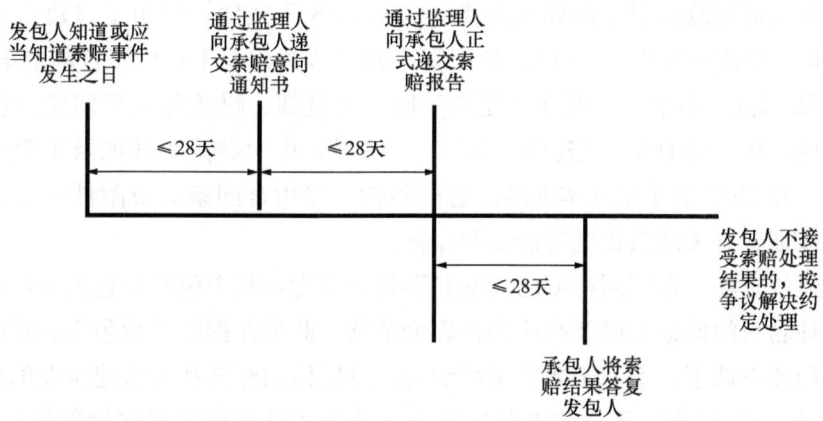

发包人知道或应当知道索赔事件发生之日 ≤28天 通过监理人向承包人递交索赔意向通知书 ≤28天 通过监理人向承包人正式递交索赔报告 发包人不接受索赔处理结果的，按争议解决约定处理

≤28天 承包人将索赔结果答复发包人

发包人索赔的典型顺序

第1章 我国施工合同示范文本制度

1.1 我国施工合同示范文本制度的形成和发展

2017 年 9 月 22 日，住房城乡建设部、国家工商行政管理总局联合发布《关于印发建设工程施工合同（示范文本）的通知》（建市〔2017〕214 号），对《建设工程施工合同（示范文本）》（GF—2013—0201）进行了修订，制定《建设工程施工合同（示范文本）》（GF—2017—0201），并自 2017 年 10 月 1 日起，新版示范文本正式执行，原 2013 版示范文本同时废止。

我国的建设工程合同示范文本制度肇始于 20 世纪 90 年代，按照国务院办公厅《关于在全国逐步推行经济合同示范文本制度请示的通知》（国办发〔1990〕13 号）的要求，原建设部和国家工商行政管理局制定了《建设工程施工合同（示范文本）》（GF－1991－0201）；1999 年 12 月，原建设部和国家工商行政管理局对 1991 版示范文本进行了修订，发布了《建设工程施工合同（示范文本）》（GF－1999－0201）；2013 年 4 月，住房和城乡建设部联合工商行政管理总局印发建市〔2013〕56 号文件，发布了《建设工程施工合同（示范文本）》（GF－2013－0201）。2017 版示范文本为建设工程施工合同的第四次修订。

2017 版示范文本主要是根据《住房和城乡建设部、财政部关于印发〈建设工程质量保证金管理办法〉的通知》（建质〔2017〕138 号）中对缺陷责任期及工程质量保证金的修改内容，对 2013 版示范文本的通用合同条款、专用合同条款及附件中与缺陷责任期和工程质量保证金有关的条款进行修改和完善。

我国建筑市场存在不同程度的混乱和不规范行为，其中包括发包人利用其优势地位预先设置各种名目的保证金以及高比例保证金条款，此举在损害了承包人利益的同时，也导致资金利用效率低下，不利于激发市场活力、发展信用经济和加快建筑业的转型升级。

2016 年 6 月 27 日，国务院办公厅发布《关于清理规范工程建设领域保证金的通知》（国办发〔2016〕49 号），清理规范工程建设领域保证金，除依法依规设立的投标保证金、履约保证金、工程质量保证金、农民工工资保证金外，其他保证金一律取消。并转变保证金缴纳方式，推行银行保函制度，建筑企业可以银行保函方式缴纳保证金。明确要求工程质量保证金的预留比例上限不得高于工程价款结算总额的 5%，在工程项目竣工前，已经缴纳履约保证金的，建设单位不得同时预留工程质量保证金。2017 年 6 月 7 日，国务院常务会议决定推出新的降费措施，要求兑现全年为企业减负万亿元的承诺。会议确定，从 2017 年 7 月 1 日起，将建筑领域工程质量保证金预留比例上限由 5% 降至 3%。《建设工程质量保证金管理办法》（建质〔2017〕138 号）明确规定，保证金总预留比例不得高于工程价款结算总额的 3％。

为贯彻落实国办发〔2016〕49 号文精神，规范建设工程质量保证金管理，住房城乡建设部、财政部联合于 2016 年 12 月 27 日发布了《住房城乡建设部、财政部关于印发〈建设工程质量保证金管理办法〉的通知》（建质〔2016〕295 号），并于 2017 年 6 月 20 日根据国务院会议决定内容，发布建质〔2017〕138 号文，对《建设工程质量保证金管理办法》（建质〔2016〕295 号）进行了修订，对工程质量保证金管理制度进行了规定和完善，并对与工程质量保证金密切相关的缺陷责任期进行了调整。

1.2 2017 版施工合同修订要点[❶]

1.2.1 总体解读

本次修订针对 2013 版《建设工程施工合同（示范文本）》的 9 个条文进行不同程度的修改和完善，修订后的条文基本不影响原条文的结构合理性，且充分考虑与未修订条文的逻辑贯通。

本次修订对象为示范文本中与缺陷责任期及工程质量保证金有关的条款，主要依据建质〔2017〕138 号文中的下列规定和调整：

1. 与工程质量保证金相关的规定

明确要求发包人应当在招标文件中明确工程质量保证金预留、返还等内容，并与承包人在合同条款中对涉及保证金的预留、返还方式，预留比例、期限，是否计付利息及计息方式，缺陷责任期的期限及计算方式以及逾期返还保证金的违约责任等内容进行约定。

在工程项目竣工前，已经缴纳履约保证金的，发包人不得同时预留工程质量保证金。采用工程质量保证担保、工程质量保险等其他保证方式的，发包人不得再预留保证金。

将保证金总预留比例上限由国办发〔2016〕49 号文的不得高于工程价款结算总额的 5％降为 3％。合同约定由承包人以银行保函替代预留保证金的，保函金额不得高于工程价款结算总额的 3％。

2. 对缺陷责任期的调整

对缺陷责任期的期限、起算点、缺陷责任期内出现缺陷的索赔方式等进行规定和调整。

2017 版示范文本根据上述规定和调整，对 2013 版示范文本进行了修订。将多年以来规定的预留质量保证金上限下调为工程结算价款的 3％，将进一步释放市场资金；减轻建

---

❶ 本节内容参考了上海建纬律师事务所曹珊副主任《对新版〈建设工程施工合同（示范文本）〉的解读》一文的观点。

筑市场的乱象；对承包人在缺陷责任期内承担的费用范围加以明确，明确承包人应承担缺陷对工程的损失赔偿责任，减少实践中可能的诉讼成本，有利于承包人在施工过程中控制质量、降低缺陷发生率。

1.2.2　主要修订要点解读

1. 关于缺陷责任期的期限

建质［2017］138 号文第 2 条第 3 款规定："缺陷责任期一般为 1 年，最长不超过 2 年，由发、承包双方在合同中约定。"

本款关于缺陷责任期的最长期限（2 年）与 2013 版示范文本关于最长期限的规定一致，保留原通用合同条款第 15.2.1 条"最长不超过 24 个月"的规定。在 2017 版示范文本通用合同条款第 15.2.2 款中明确"缺陷责任期（含延长部分）最长不能超过 24 个月"。

2. 关于缺陷责任期的起算点

建质［2017］138 号文第 8 条规定："缺陷责任期从工程通过竣工验收之日起计。由于承包人原因导致工程无法按规定期限进行竣工验收的，缺陷责任期从实际通过竣工验收之日起计。由于发包人原因导致工程无法按规定期限进行竣工验收的，在承包人提交竣工验收报告 90 天后，工程自动进入缺陷责任期。"

通常情形下的缺陷责任期从工程"通过竣工验收之日"起计算，而"通过竣工验收之日"通常情况下即为"实际竣工日期"。为保持与建质［2017］138 号文一致，2017 版示范文本通用合同条款第 15.2.1 条第 1 款中将 2013 版示范文本通用合同条款第 15.2.1 款中的"缺陷责任期自实际竣工日期起计算"修改为"缺陷责任期从工程通过竣工验收之日起计算"。

2017 版示范文本通用合同条款第 15.2.1 条第 2 款为特殊情形下的起算点，相对 2013 版示范文本增加了一种情形，即"因承包人原因导致工程无法按合同约定期限进行竣工验收的"，此时缺陷责任期从实际通过竣工验收之日起计算；同时将"因发包人原因导致工程无法按合同约定期限进行竣工验收的"情形下，缺陷责任期的起算点由"提交竣工验收报告之日起"修订为"在承包人提交竣工验收报告 90 天后，工程自动进入缺陷责任期"。而"单位工程先于全部工程竣工验收合格并交付使用的"和"发包人未经竣工验收擅自使用工程"两种情形下的缺陷责任期的起算点未作修改。

2017 版示范文本通用合同条款第 1.1.4.4 条，缺陷责任期的期限自"工程实际竣工日期"起计算，与通用合同条款第 15.2.1 条第 1 款均为通常情形下的缺陷责任期的起算点，通用合同条款第 15.2.1 条第 2 款为特殊情形下的缺陷责任期的起算点。

3. 关于缺陷责任期内出现缺陷的索赔方式

将建质［2017］138 号文第 9 条的规定，整体置于 2017 版示范文本通用合同条款第 15.2.2 条中。本条对承包人在缺陷责任期内承担的费用范围和情形加以明确，包括鉴定费用和维修费用，发包人可从保证金里扣除；并且明确规定发包人可对超出的费用和缺陷对工程造成的损失向承包人索赔；同时明确由他人原因造成的缺陷，发包人负责组织维修，承包人不承担费用，且发包人不得从保证金中扣除费用。

4. 关于预留质量保证金的条件

建质〔2017〕138号文第6条规定："在工程项目竣工前，已经缴纳履约保证金的，发包人不得同时预留工程质量保证金。采用工程质量保证担保、工程质量保险等其他保证方式的，发包人不得再预留保证金。"

本条为预留质量保证金的否定性条件。第一款是履约保证金覆盖期间对发包人预留质量保证金要求的否定：在工程项目竣工验收前，承包人缴纳履约保证金的，因为履约保证金处于有效期间，发包人不得另行要求预留质量保证金。第二款是已采取其他质量保证方式情形下对发包人预留质量保证金要求的否定：在已采取工程质量保证担保和工程质量保险等其他保证方式的情况下，发包人不得再预留保证金。

2017版示范文本通用合同条款第1.1.4.4条关于缺陷责任期的定义中，在"预留质量保证金"后增加"（已缴纳履约保证金的除外）"，是对履约保证金覆盖期间发包人提取质量保证金权利的否定。通用合同条款第15.3条及专用合同条款第15.3条均明确规定在工程项目竣工前承包人已经提供履约担保的，发包人不得同时预留工程质量保证金。

5. 关于预留质量保证金的扣留与退还

（1）质量保证金的扣留金额

建质〔2017〕138号文第7条规定："发包人应按照合同约定方式预留保证金，保证金总预留比例不得高于工程价款结算总额的3％。合同约定由承包人以银行保函替代预留保证金的，保函金额不得高于工程价款结算总额的3％。"

2017版示范文本通用合同条款第15.3.2条据此进行了相应修改，保证金总预留比例最高值由5％降低为3％，进一步减轻承包方的负担，明确规定"发包人累计扣留的质量保证金不得超过工程价款结算总额的3％""保函金额不得超过工程价款结算总额的3％"。

（2）质量保证金的退还

2017版示范文本通用合同条款第15.3.3条按照建质〔2017〕138号文第11条规定设置了质量保证金的退还程序。

（3）质量保证金的扣留方式、计息方式、质量保证金争议的处理程序

2017版示范文本通用合同条款第15.3.2条、第15.3.3条中根据建质〔2017〕138号文第3条规定，分别规定了质量保证金的扣留方式、计息方式和质量保证金争议的处理程序。

1.3 2017版施工合同（示范文本）组成

《示范文本》由合同协议书、通用合同条款和专用合同条款三部分组成。

1.3.1 合同协议书

《示范文本》合同协议书共计13条，主要包括：工程概况、合同工期、质量标准、签约合同价和合同价格形式、项目经理、合同文件构成、承诺以及合同生效条件等重要内

容，集中约定了合同当事人基本的合同权利义务。

1.3.2 通用合同条款

通用合同条款是合同当事人根据《中华人民共和国建筑法》《中华人民共和国合同法》等法律法规的规定，就工程建设的实施及相关事项，对合同当事人的权利义务作出的原则性约定。

通用合同条款共计 20 条，具体条款分别为：一般约定、发包人、承包人、监理人、工程质量、安全文明施工与环境保护、工期和进度、材料与设备、试验与检验、变更、价格调整、合同价格、计量与支付、验收和工程试车、竣工结算、缺陷责任与保修、违约、不可抗力、保险、索赔和争议解决。前述条款安排既考虑了现行法律法规对工程建设的有关要求，也考虑了建设工程施工管理的特殊需要。

1.3.3 专用合同条款

专用合同条款是对通用合同条款原则性约定的细化、完善、补充、修改或另行约定的条款。合同当事人可以根据不同建设工程的特点及具体情况，通过双方的谈判、协商对相应的专用合同条款进行修改补充。在使用专用合同条款时，应注意以下事项：

1. 专用合同条款的编号应与相应的通用合同条款的编号一致；

2. 合同当事人可以通过对专用合同条款的修改，满足具体建设工程的特殊要求，避免直接修改通用合同条款；

3. 在专用合同条款中有横道线的地方，合同当事人可针对相应的通用合同条款进行细化、完善、补充、修改或另行约定；如无细化、完善、补充、修改或另行约定，则填写"无"或划"/"。

1.4 2017 版《建设工程施工合同（示范文本）》 修改条文对照表

2013 版	2017 版
第二部分通用合同条款	
1.1.4.4 缺陷责任期：是指承包人按照合同约定承担缺陷修复义务，且发包人预留质量保证金的期限，自工程实际竣工日期起计算	1.1.4.4 缺陷责任期：是指承包人按照合同约定承担缺陷修复义务，且发包人预留质量保证金（**已缴纳履约保证金的除外**）的期限，自工程实际竣工日期起计算
14.1 除专用合同条款另有约定外，竣工结算申请单应包括以下内容： （1）竣工结算合同价格； （2）发包人已支付承包人的款项； （3）应扣留的质量保证金	14.1 除专用合同条款另有约定外，竣工结算申请单应包括以下内容： （1）竣工结算合同价格； （2）发包人已支付承包人的款项； （3）应扣留的质量保证金。**已缴纳履约保证金的或提供其他工程质量担保方式的除外**

2013 版	2017 版
第二部分通用合同条款	
15.2.1　缺陷责任期自实际竣工日期起计算，合同当事人应在专用合同条款约定缺陷责任期的具体期限，但该期限最长不超过 24 个月。 　　单位工程先于全部工程进行验收，经验收合格并交付使用的，该单位工程缺陷责任期自单位工程验收合格之日起算。因发包人原因导致工程无法按合同约定期限进行竣工验收的，缺陷责任期自承包人提交竣工验收申请报告之日起开始计算；发包人未经竣工验收擅自使用工程的，缺陷责任期自工程转移占有之日起开始计算	15.2.1　**缺陷责任期从工程通过竣工验收之日起计算**，合同当事人应在专用合同条款约定缺陷责任期的具体期限，但该期限最长不超过 24 个月。 　　单位工程先于全部工程进行验收，经验收合格并交付使用的，该单位工程缺陷责任期自单位工程验收合格之日起算。**因承包人原因导致工程无法按合同约定期限进行竣工验收的，缺陷责任期从实际通过竣工验收之日起算。**因发包人原因导致工程无法按合同约定期限进行竣工验收的，**在承包人提交竣工验收报告 90 天后，工程自动进入缺陷责任期；**发包人未经竣工验收擅自使用工程的，缺陷责任期自工程转移占有之日起开始计算
15.2.2　工程竣工验收合格后，因承包人原因导致的缺陷或损坏致使工程、单位工程或某项主要设备不能按原定目的使用的，则发包人有权要求承包人延长缺陷责任期，并应在原缺陷责任期届满前发出延长通知，但缺陷责任期最长不能超过 24 个月	15.2.2　**缺陷责任期内，由承包人原因造成的缺陷，承包人应负责维修，并承担鉴定及维修费用。如承包人不维修也不承担费用，发包人可按合同约定从保证金或银行保函中扣除，费用超出保证金额的，发包人可按合同约定向承包人进行索赔。承包人维修并承担相应费用后，不免除对工程的损失赔偿责任。**发包人有权要求承包人延长缺陷责任期，并应在原缺陷责任期届满前发出延长通知。但缺陷责任期（**含延长部分**）最长不能超过 24 个月。 　　**由他人原因造成的缺陷，发包人负责组织维修，承包人不承担费用，且发包人不得从保证金中扣除费用**
15.3　质量保证金 　　经合同当事人协商一致扣留质量保证金的，应在专用合同条款中予以明确	15.3　质量保证金 　　经合同当事人协商一致扣留质量保证金的，应在专用合同条款中予以明确。 　　**在工程项目竣工前，承包人已经提供履约担保的，发包人不得同时预留工程质量保证金**
15.3.2　质量保证金的扣留 　　质量保证金的扣留有以下三种方式： 　　…… 　　（3）双方约定的其他扣留方式。 　　除专用合同条款另有约定外，质量保证金的扣留原则上采用上述第（1）种方式。 　　发包人累计扣留的质量保证金不得超过结算合同价格 5%，如承包人在发包人签发竣工付款证书后 28 天内提交质量保证金保函，发包人应同时退还扣留的作为质量保证金的工程价款	15.3.2　质量保证金的扣留 　　质量保证金的扣留有以下三种方式： 　　…… 　　（3）双方约定的其他扣留方式。 　　除专用合同条款另有约定外，质量保证金的扣留原则上采用上述第（1）种方式。 　　发包人累计扣留的质量保证金不得超过**工程价款结算总额的 3%**。如承包人在发包人签发竣工付款证书后 28 天内提交质量保证金保函，发包人应同时退还扣留的作为质量保证金的工程价款；**保函金额不得超过工程价款结算总额的 3%。** 　　**发包人在退还质量保证金的同时按照中国人民银行发布的同期同类贷款基准利率支付利息**

2013 版	2017 版
第二部分 通用合同条款	
15.3.3 质量保证金的退还 发包人应按 14.4 款〔最终结清〕的约定退还质量保证金	15.3.3 质量保证金的退还 缺陷责任期内，承包人认真履行合同约定的责任，到期后，承包人可向发包人申请返还保证金。 发包人在接到承包人返还保证金申请后，应于 14 天内会同承包人按照合同约定的内容进行核实。如无异议，发包人应当按照约定将保证金返还给承包人。对返还期限没有约定或者约定不明确的，发包人应当在核实后 14 天内将保证金返还承包人，逾期未返还的，依法承担违约责任。发包人在接到承包人返还保证金申请后 14 天内不予答复，经催告后 14 天内仍不予答复，视同认可承包人的返还保证金申请。 发包人和承包人对保证金预留、返还以及工程维修质量、费用有争议的，按本合同第 20 条约定的争议和纠纷解决程序处理
第三部分 专用合同条款	
15.3 质量保证金 关于是否扣留质量保证金的约定	15.3 质量保证金 关于是否扣留质量保证金的约定： 在工程项目竣工前，承包人按专用合同条款第 3.7 条提供履约担保的，发包人不得同时预留工程质量保证金
三、缺陷责任期 工程缺陷责任期为＿＿＿个月，缺陷责任期自工程实际竣工之日起计算。单位工程先于全部工程进行验收，单位工程缺陷责任期自单位工程验收合格之日起算。 缺陷责任期终止后，发包人应退还剩余的质量保证金	三、缺陷责任期 工程缺陷责任期为＿＿＿个月，缺陷责任期自工程通过竣工验收之日起计算。单位工程先于全部工程进行验收，单位工程缺陷责任期自单位工程验收合格之日起算。 缺陷责任期终止后，发包人退还剩余的质量保证金

第2章 《协议书》条文注释

2.1 合同当事人

【条文】

发包人（全称）：_____

承包人（全称）：_____

根据《中华人民共和国合同法》、《中华人民共和国建筑法》及有关法律规定，遵循平等、自愿、公平和诚实信用的原则，双方就_____工程施工及有关事项协商一致，共同达成如下协议。

【条文注释】本条明确了合同当事人和订立合同的依据。

（1）合同当事人。《合同法》第269条规定："建设工程合同是承包人进行工程建设，发包人支付价款的合同。建设工程合同包括工程勘察、设计、施工合同"。

第267条同时规定："建设工程合同应当采用书面形式"。

《建筑法》第15条规定："建筑工程的发包单位与承包单位应当依法订立书面合同，明确双方的权利和义务。发包单位和承包单位应当全面履行合同约定的义务。不按照合同约定履行义务的，依法承担违约责任"。

可见，建设工程施工合同作为重要的建设工程合同，其合同当事人为发包人和承包人。承包建筑工程的单位应当持有依法取得的资质证书，并在其资质等级许可的业务范围内承揽工程。禁止建筑施工企业超越本企业资质等级许可的业务范围或者以任何形式用其他建筑施工企业的名义承揽工程。禁止建筑施工企业以任何形式允许其他单位或者个人使用本企业的资质证书、营业执照，以本企业的名义承揽工程。

（2）订立合同依据。《合同法》第7条规定："当事人订立、履行合同，应当遵守法律、行政法规，尊重社会公德，不得扰乱社会经济秩序，损害社会公共利益"。

根据上述规定，协议书明确订立的依据为《合同法》《建筑法》及有关法律规定。有关法律主要包括《招标投标法》《政府采购法》《劳动合同法》《节约能源法》《环境保护法》《安全生产法》《民事诉讼法》及配套的行政法规。

2.2 工 程 概 况

【条文】一、工程概况

1. 工程名称：＿＿＿＿＿＿＿＿＿＿＿＿＿＿＿＿＿＿＿＿＿＿＿。

2. 工程地点：＿＿＿＿＿＿＿＿＿＿＿＿＿＿＿＿＿＿＿＿＿＿＿。

3. 工程立项批准文号：＿＿＿＿＿＿＿＿＿＿＿＿＿＿＿＿＿＿＿＿。

4. 资金来源：＿＿＿＿＿＿＿＿＿＿＿＿＿＿＿＿＿＿＿＿＿＿＿＿。

5. 工程内容：＿＿＿＿＿＿＿＿＿＿＿＿＿＿＿＿＿＿＿＿＿＿＿＿。

群体工程应附《承包人承揽工程项目一览表》（附件1）。

6. 工程承包范围：＿＿＿＿＿＿＿＿＿＿＿＿＿＿＿＿＿＿＿＿。

【条文注释】本条明确了合同工程的概况。

此合同示范文本的适用范围为建设工程。根据《建设工程质量管理条例》❶ 第2条规定，建设工程指土木工程、建筑工程、线路管道和设备安装工程及装修工程。根据《招标投标法实施条例》❷ 第2条规定，工程建设项目指工程以及与工程建设有关的货物、服务；工程指建设工程，包括建筑物和构筑物的新建、改建、扩建及其相关的装修、拆除、修缮等；与工程建设有关的货物，指构成工程不可分割的组成部分，且为实现工程基本功能所必需的设备、材料等；与工程建设有关的服务，指为完成工程所需的勘察、设计、监理等服务。

（1）工程名称。工程名称应与立项文件和招标文件中项目名称一致。

（2）工程地点。明确工程地点，对于确定工程行政管辖和司法管辖具有法律意义。

（3）工程立项批准文号。《合同法》第273条规定："国家重大建设工程合同，应当按照国家规定的程序和国家批准的投资计划、可行性研究报告等文件订立。"

根据《国务院关于投资体制改革的决定》（国发〔2004〕20号）的规定，为改革项目审批制度，落实企业投资自主权。对于企业不使用政府投资建设的项目，一律不再实行审批制，区别不同情况实行核准制和备案制。其中，政府仅对重大项目和限制类项目从维护社会公共利益角度进行核准，其他项目无论规模大小，均改为备案制，项目的市场前景、经济效益、资金来源和产品技术方案等均由企业自主决策、自担风险，并依法办理环境保护、土地使用、资源利用、安全生产、城市规划等许可手续和减免税确认手续。

要严格限定实行政府核准制的范围，并根据变化的情况适时调整。《政府核准的投资项目目录》由国务院投资主管部门会同有关部门研究提出，报国务院批准后实施。未经国务院批准，各地区、各部门不得擅自增减《目录》规定的范围。

企业投资建设实行核准制的项目，仅需向政府提交项目申请报告，不再经过批准项目建议书、可行性研究报告和开工报告的程序。政府对企业提交的项目申请报告，主要从维护经济安全、合理开发利用资源、保护生态环境、优化重大布局、保障公共利益、防止出现垄断等方面进行核准。对于《目录》以外的企业投资项目，实行备案制。

根据2016年7月5日发布的《中共中央、国务院关于深化投融资体制改革的意见》，

---

❶ 《建设工程质量管理条例》经国务院修改，于2017年10月7日发布并实施。

❷ 《招标投标法实施条例》经国务院修改，于2017年3月1日发布并实施。

为改善企业投资管理，充分激发社会投资动力和活力，需建立投资项目"三个清单"管理制度。及时修订并公布政府核准的投资项目目录，实行企业投资项目管理负面清单制度，除目录范围内的项目外，一律实行备案制，由企业按照有关规定向备案机关备案。建立企业投资项目管理权力清单制度，将各级政府部门行使的企业投资项目管理职权以清单形式明确下来，严格遵循职权法定原则，规范职权行使，优化管理流程。建立企业投资项目管理责任清单制度，厘清各级政府部门企业投资项目管理职权所对应的责任事项，明确责任主体，健全问责机制。

（4）资金来源。结合财政部《基本建设财务规则》《企业财务通则》等规范性文件，建设资金是指为满足项目建设需要筹集和使用的资金，按照来源分为财政资金和自筹资金。

（5）工程内容。指反映工程状况的一些指标内容。主要包括工程的建设规模、结构特征等。群体工程应附《承包人承揽工程项目一览表》。

（6）工程承包范围。是指承包人在合同工程中具体完成工作的专业范围，承包范围应该在招标文件中确定，非招标项目由当事人在协议书中确定。

2.3 合 同 工 期

【条文】二、合同工期

计划开工日期：_____年_____月_____日。

计划竣工日期：_____年_____月_____日。

工期总日历天数：_____天。工期总日历天数与根据前述计划开竣工日期计算的工期天数不一致的，以工期总日历天数为准。

【条文注释】本款所约定的开工日期和竣工日期明确为"计划开工日期""计划竣工日期"而非"实际开工日期""实际竣工日期"，其约定可以绝对日期表示，也可以相对日期表示。

工期总日历天数为包含法定节假日的天数，由开工日期和竣工日期计算而来，但又明确"工期总日历天数与根据前述计划开竣工日期计算的工期天数不一致的，以工期总日历天数为准"。

2.4 质 量 标 准

【条文】三、质量标准

工程质量符合_____标准。

【条文注释】《合同法》第279条规定："建设工程竣工后，发包人应当根据施工图纸及说明书、国家颁发的施工验收规范和质量检验标准及时进行验收。验收合格的，发包人应当按照约定支付价款，并接收该建设工程。建设工程竣工经验收合格后，方可交付使用；未经验收或者验收不合格的，不得交付使用。"

因此，双方当事人应该在《协议书》中约定工程质量标准。竣工工程质量标准应该符合国家标准、行业标准或双方在合同专用条件中约定适用的标准。例如《建筑工程施工质量验收统一标准》❶、《建筑装饰装修工程质量验收规范》等。

【裁判观点】

《第八次全国法院民事商事审判工作会议（民事部分）纪要》第30条规定："要依法维护通过招投标所签订的中标合同的法律效力。当事人违反工程建设强制性标准、任意压缩合理工期、降低工程质量标准的约定，应认定无效。对于约定无效后的工程价款结算，应依据建设工程施工合同司法解释的相关规定处理。"

《2011年全国民事审判工作会议纪要》第24条规定："对建设工程施工合同中有关违反工程建设强制性标准、任意压缩合理工期、降低工程质量标准的约定内容，应认定为无效。该约定被认定为无效后，依据《关于审理建设工程施工合同纠纷案件适用法律问题的解释》相关规定处理。"

2.5　签约合同价与合同价格形式

【条文】四、签约合同价与合同价格形式

1. 签约合同价为：

人民币（大写）＿＿＿＿＿＿＿＿＿＿（¥＿＿＿＿＿＿＿元）；

其中：

（1）安全文明施工费：

人民币（大写）＿＿＿＿＿＿＿＿＿（¥＿＿＿＿＿＿元）；

（2）材料和工程设备暂估价金额：

人民币（大写）＿＿＿＿＿＿＿＿＿（¥＿＿＿＿＿＿元）；

（3）专业工程暂估价金额：

人民币（大写）＿＿＿＿＿＿＿＿＿（¥＿＿＿＿＿＿元）；

（4）暂列金额：

人民币（大写）＿＿＿＿＿＿＿＿＿（¥＿＿＿＿＿＿元）。

2. 合同价格形式：＿＿＿＿＿＿＿＿＿＿＿＿＿＿＿＿＿＿＿＿。

【条文注释】

（1）签约合同价。在协议书中明确此合同价款是采用哪种计价方式得出来的。

例如工程量清单计价方式，是在建设工程招投标中，招标人自行或委托具有资质的中介机构编制反映工程实体消耗和措施性消耗的工程量清单，并作为招标文件的一部分提供给投标人，由投标人依据工程量清单自主报价的计价方式。由于招标人应对清单中工程量的准确性负责，因此合同价格必然根据实际发生的工程量进行调整，必然与协议书中约定

---

❶　《建筑工程施工质量验收统一标准》为国家标准，编号为 GB 50300—2013，自 2014 年 6 月 1 日起实施；原《建筑工程施工质量验收统一标准》（GB 50300—2001）同时废止。

的价格不一致，只能是签约时发包人接受承包人投标或报价的签约合同价。为保障所采用术语的一致性，通用条款中专门定义了"签约合同价"。

1）安全文明施工费。2012年2月14日，财政部、国家安全生产监督管理总局印发《企业安全生产费用提取和使用管理办法》规定："建设工程施工企业提取的安全费用列入工程造价，在竞标时，不得删减，列入标外管理。"

2）暂估价金额。《建设工程工程量清单计价规范》中规定："暂估价是指招标人在工程量清单中提供的用于支付必然发生但暂时不能确定价格的材料、工程设备的单价以及专业工程的金额。"

3）暂列金额。招标人在工程量清单中暂定并包括在合同价款中的一笔款项。

（2）合同价格形式。通用条款12.1［合同价格形式］约定，发包人和承包人应在合同协议书中选择下列一种合同价格形式：1）单价合同；2）总价合同；3）其他价格形式。

根据《建筑工程施工发包与承包计价管理办法》，实行工程量清单计价的建筑工程，鼓励发承包双方采用单价方式确定合同价款；建设规模较小、技术难度较低、工期较短的建筑工程，发承包双方可以采用总价方式确定合同价款。紧急抢险、救灾以及施工技术特别复杂的建筑工程，发承包双方可以采用成本加酬金方式确定合同价款。

2.6 项　目　经　理

【条文】五、项目经理

承包人项目经理：_____。

【条文注释】为了加强建设工程项目总承包与施工管理，保证工程质量和施工安全，根据《建筑法》和《建设工程质量管理条例》的有关规定，原人事部和原建设部决定自2003年起对建设工程项目总承包及施工管理的专业技术人员实行建造师执业资格制度。

《注册建造师管理规定》（建设部153号令）第2条规定："本规定所称注册建造师，是指通过考核认定或考试合格取得中华人民共和国建造师资格证书（以下简称资格证书），并按照本规定注册，取得中华人民共和国建造师注册证书（以下简称注册证书）和执业印章，担任施工单位项目负责人及从事相关活动的专业技术人员。"

未取得注册证书和执业印章的，不得担任大中型建设工程项目的施工单位项目负责人，不得以注册建造师的名义从事相关活动。

《建造师执业资格制度暂行规定》（人发［2002］111号）第29条规定："一级建造师可以担任特级、一级建筑业企业资质的建设工程项目施工的项目经理；二级建造师可以担任二级及以下建筑业企业资质的建设工程项目施工的项目经理。"

2.7 合 同 文 件 构 成

【条文】六、合同文件构成

本协议书与下列文件一起构成合同文件：

（1）中标通知书（如果有）；

（2）投标函及其附录（如果有）；

（3）专用合同条款及其附件；

（4）通用合同条款；

（5）技术标准和要求；

（6）图纸；

（7）已标价工程量清单或预算书；

（8）其他合同文件。

在合同订立及履行过程中形成的与合同有关的文件均构成合同文件组成部分。

上述各项合同文件包括合同当事人就该项合同文件所作出的补充和修改，属于同一类内容的文件，应以最新签署的为准。专用合同条款及其附件须经合同当事人签字或盖章。

【条文注释】合同文件是由包含了本合同条件在内的多个文件共同组成的、对当事人权利义务构成约束的文件的总称，应在协议书中予以明确。在编写合同文件组成时，既考虑了招标工程与非招标工程的区别，又考虑了清单计价工程和定额计价工程的区别。同时约定，在合同订立及履行过程中形成的与合同有关的文件均构成合同文件组成部分。

（1）招标工程与非招标工程的区别

《建筑法》第19条规定："建筑工程依法实行招标发包，对不适于招标发包的可以直接发包。"

《招标投标法》第3条规定："下列工程建设项目包括项目的勘察、设计、施工、监理以及与工程建设有关的重要设备、材料等的采购，必须进行招标：（一）大型基础设施、公用事业等关系社会公共利益、公众安全的项目；（二）全部或者部分使用国有资金投资或者国家融资的项目；（三）使用国际组织或者外国政府贷款、援助资金的项目。"

《招标投标法》第66条规定："涉及国家安全、国家秘密、抢险救灾或者属于利用扶贫资金实行以工代赈、需要使用农民工等特殊情况，不适宜进行招标的项目，按照国家有关规定可以不进行招标。"

《招标投标法实施条例》第9条规定："除《招标投标法》第66条规定的可以不进行招标的特殊情况外，有下列情形之一的，可以不进行招标：（一）需要采用不可替代的专利或者专有技术；（二）采购人依法能够自行建设、生产或者提供；（三）已通过招标方式选定的特许经营项目投资人依法能够自行建设、生产或者提供；（四）需要向原中标人采购工程、货物或者服务，否则将影响施工或者功能配套要求；（五）国家规定的其他特殊情形。"

（2）工程造价构成

根据《建筑安装工程费用项目组成》规定，建筑安装工程费按照工程造价形成由分部分项工程费、措施项目费、其他项目费、规费、税金组成，分部分项工程费、措施项目费、其他项目费包含人工费、材料费、施工机具使用费、企业管理费和利润。

2.8 承　诺

【条文】七、承诺

1. 发包人承诺按照法律规定履行项目审批手续、筹集工程建设资金并按照合同约定的期限和方式支付合同价款。

2. 承包人承诺按照法律规定及合同约定组织完成工程施工，确保工程质量和安全，不进行转包及违法分包，并在缺陷责任期及保修期内承担相应的工程维修责任。

3. 发包人和承包人通过招投标形式签订合同的，双方理解并承诺不再就同一工程另行签订与合同实质性内容相背离的协议。

【条文注释】 本条包含了当事人各自承诺和共同承诺。

《合同法》第269条规定："建设工程合同是承包人进行工程建设，发包人支付价款的合同。"

根据以上规定，建设工程施工合同当事人最重要的工作是承包人在控制投资内，按照约定的工期完成质量合格工程，发包人按照约定的时间和金额支付工程款。

(1) 发包人付款承诺。《建筑法》第18条规定："建筑工程造价应当按照国家有关规定，由发包单位与承包单位在合同中约定。公开招标发包的，其造价的约定，须遵守招标投标法律的规定。发包单位应当按照合同的约定，及时拨付工程款项。"

(2) 承包人质量承诺。根据《建设工程质量管理条例》第26条规定，施工单位对建设工程的施工质量负责。施工单位应当建立质量责任制，确定工程项目的项目经理、技术负责人和施工管理负责人。建设工程实行总承包的，总承包单位应当对全部建设工程质量负责；建设工程勘察、设计、施工、设备采购的一项或者多项实行总承包的，总承包单位应当对其承包的建设工程或者采购的设备的质量负责。

(3) 共同承诺。发包人和承包人通过招投标形式签订合同的，双方理解并承诺不再就同一工程另行签订与合同实质性内容相背离的协议。

《招标投标法》第46条规定："招标人和中标人应当自中标通知书发出之日起三十日内，按照招标文件和中标人的投标文件订立书面合同。招标人和中标人不得再行订立背离合同实质性内容的其他协议"。

《最高人民法院关于审理建设工程施工合同纠纷案件适用法律问题的解释》第21条规定："当事人就同一建设工程另行订立的建设工程施工合同与经过备案的中标合同实质性内容不一致的，应当以备案的中标合同作为结算工程价款的根据"。

【裁判观点】

(1)《2011年全国民事审判工作会议纪要》第23条规定："招标人和中标人另行签订的改变工期、工程价款、工程项目性质等中标结果的约定，应当认定为变更中标合同实质性内容；中标人作出的以明显高于市场价格购买承建房产、无偿建设住房配套设施、让利、向建设方捐款等承诺，亦应认定为变更中标合同的实质性内容。建设工程开工后，发包方与承包方因设计变更、建设工程规划指标调整等原因，通过补充协议、会谈纪要、往来函件、签证等形式变更工期、工程价款、工程项目性质的，不应认定为变更中标合同的实质性内容。"

（2）最高人民法院裁判观点：招标人与中标人按照招标文件和中标人的投标文件订立《建设工程施工合同》后，中标人出具让利承诺书，承诺书对承建工程予以大幅让利，实质上是对工程价款的实质性变更，应当认定该承诺无效。❶

（3）最高人民法院裁判观点：在履行法定招标投标程序之前，招标人与投标人签订的建设工程施工合同无效。❷

（4）最高人民法院裁判观点：判断两份合同在内容上是否构成"实质性不一致"，首先，要看两份合同中不一致的内容是否属于工程价款、工程质量或者工程期限等影响当事人基本权利义务的条款，当事人经协商对上述条款以外的合同内容的变更，不构成实质性内容不一致。

其次，要准确区分该条所称"实质性不一致"与依法进行的正常合同变更的界限。一方面，要衡量内容不一致所达到的程度，只有上述内容的变更足以影响当事人的基本合同权利义务，才可认定为构成"实质性内容不一致"。另一方面，要区分导致合同重大变更的原因，如果在合同履行过程中，因设计变更导致工程量明显增加或减少等影响中标合同的实际履行，承包人与发包人经协商对中标合同的内容进行了相应变更，则即使两份合同在工程价款、工程质量和工程期限方面存在重大差异，也应认定属于正常的合同变更，而不构成本条所称的"实质性不一致"。❸

2.9 词 语 含 义

【条文】八、词语含义

本协议书中词语含义与第二部分通用合同条款中赋予的含义相同。

【条文注释】为保证合同范本各个组成部分词语的规范性和一致性，本合同各个部分使用的词语如无特别说明，应与通用合同条款中的含义相同。

2.10 签 订 时 间

【条文】九、签订时间

---

❶ 最高人民法院民事审判第一庭编：《民事审判指导与参考》总第 38 辑（2009）年【指导性案例】，姚宝华所著《建设工程施工合同纠纷案件中让利承诺书效力的认定》，法律出版社，第 171～175 页。

❷ 最高人民法院民事审判第一庭编：《民事审判指导与参考》总第 39 辑（2009）年【民事审判信箱】，《在履行法定招标投标程序之前，招标人与投标人签订的建设工程施工合同无效》，法律出版社，第 290 页。

❸ 最高人民法院民事审判第一庭编：《民事审判指导与参考》总第 58 辑（2014）年【指导性案例】，《如何理解〈最高人民法院关于审理建设工程施工合同纠纷案件适用法律问题的解释〉第 21 条所称的"实质性内容不一致"》，人民法院出版社，第 117 页。

本合同于_____年____月____日签订。

【条文注释】合同签订时间一般确定了合同成立的时间。建设工程合同属于要式合同，应采用书面形式。《合同法》第 32 条规定："当事人采用合同书形式订立合同的，自双方当事人签字或者盖章时合同成立。"

【裁判观点】

最高人民法院裁判观点：在工程已竣工并交付使用的情况下，存在多份签署时间为同一天、工程价款各不相同且均无效的建设工程施工合同，无法辨别真伪，不能确认当事人对合同价款约定的真实意思表示，均不能作为工程价款结算的依据。应通过委托鉴定的方式，依据鉴定机构出具的鉴定结论对双方当事人争议的工程价款作出司法认定。❶

2.11 签订地点

【条文】十、签订地点

本合同在_____签订。

【条文注释】根据《最高人民法院关于适用〈中华人民共和国民事诉讼法〉的解释》规定，合同签订地与建设工程合同纠纷的管辖已无关联，建设工程合同纠纷适用于不动产所在地人民法院管辖，即建设工程所在地人民法院。

2.12 补充协议

【条文】十一、补充协议

合同未尽事宜，合同当事人另行签订补充协议，补充协议是合同的组成部分。

【条文注释】《合同法》第 61 条规定："合同生效后，当事人就质量、价款或者报酬、履行地点等内容没有约定或者约定不明确的，可以协议补充；不能达成补充协议的，按照合同有关条款或者交易习惯确定"。但是根据《招标投标法》的相关规定，施工合同当事人另行签订的补充协议，不应背离本合同约定的实质性内容。

2.13 合同生效

【条文】十二、合同生效

本合同自_____生效。

【条文注释】根据《合同法》规定，依法成立的合同，自成立时生效。法律、行政法规规定应当办理批准、登记等手续生效的，依照其规定。当事人对合同的效力可以约定附

---

❶ 最高人民法院民事审判第一庭编：《民事审判指导与参考》总第 50 辑（2012）年【最高人民法院案件解析】，人民法院出版社，第 139～149 页。

条件。附生效条件的合同，自条件成就时生效。附解除条件的合同，自条件成就时失效。当事人对合同的效力可以约定附期限。附生效期限的合同，自期限届至时生效。附终止期限的合同，自期限届满时失效。

根据以上规定，如无特殊约定，本施工合同自双方当事人签字或者盖章时成立，自成立时生效。同时，当事人还可以在本协议书中附上合同的生效条件或者生效期限。实践中比较常见的约定包括：自行政主管部门备案之日生效、承包人提交履约担保之日生效、发包人支付第一笔预付款之日生效等。

合同无效的几种情形：

（1）《合同法》第52条规定："有下列情形之一的，合同无效：（一）一方以欺诈、胁迫的手段订立合同，损害国家利益；（二）恶意串通，损害国家、集体或者第三人利益；（三）以合法形式掩盖非法目的；（四）损害社会公共利益；（五）违反法律、行政法规的强制性规定。"

（2）《最高人民法院关于审理建设工程合同纠纷案件适用法律问题的解释》第四条规定："承包人非法转包、违法分包建设工程或者没有资质的实际施工人借用有资质的建筑施工企业名义与他人签订建设工程施工合同的行为无效。人民法院可以根据民法通则第134条规定，收缴当事人已经取得的非法所得。"

（3）《最高人民法院关于审理建设工程施工合同纠纷案件适用法律问题的解释》第一条规定："建设工程施工合同具有下列情形之一的，应当根据合同法第52条第（五）项的规定，认定无效：（一）承包人未取得建筑施工企业资质或者超越资质等级的；（二）没有资质的实际施工人借用有资质的建筑施工企业名义的；（三）建设工程必须进行招标而未招标或者中标无效的。"根据法律规定，中标无效的情形具体如下：

a.《招标投标法》第50条规定："招标代理机构违反本法规定，泄露应当保密的与招标投标活动有关的情况和资料的，或者与招标人、投标人串通损害国家利益、社会公共利益或者他人合法权益的，处5万元以上25万元以下的罚款，对单位直接负责的主管人员和其他直接责任人员处单位罚款数额5％以上10％以下的罚款；有违法所得的，并处没收违法所得；情节严重的，暂停直至取消招标代理资格；构成犯罪的，依法追究刑事责任。给他人造成损失的，依法承担赔偿责任。前款所列行为影响中标结果的，中标无效。"

第52条规定："依法必须进行招标的项目的招标人向他人透露已获取招标文件的潜在投标人的名称、数量或者可能影响公平竞争的有关招标投标的其他情况的，或者泄露标底的，给予警告，可以并处1万元以上10万元以下的罚款；对单位直接负责的主管人员和其他直接责任人员依法给予处分；构成犯罪的，依法追究刑事责任。前款所列行为影响中标结果的，中标无效。"

第53条规定："投标人相互串通投标或者与招标人串通投标的，投标人以向招标人或者评标委员会成员行贿的手段谋取中标的，中标无效，处中标项目金额5‰以上10‰以下的罚款，对单位直接负责的主管人员以及其他直接责任人员处单位罚款数额5％以上10％以下的罚款；有违法所得的，并处没收违法所得；情节严重的，取消其一年至二年内参加依法必须进行招标的项目的投标资格并予以公告，直至由工商行政管理机关吊销营业执照；构成犯罪的，应依法追究刑事责任。给他人造成损失的，依法承担赔偿责任。"

第54条第1款规定："投标人以他人名义投标或者以其他方式弄虚作假，骗取中标的，中标无效，给招标人造成损失的，依法承担赔偿责任；构成犯罪的，依法追究刑事责任。"

第55条规定："依法必须进行招标的项目，招标人违反本法规定，与投标人就投标价格、投标方案等实质性内容进行谈判的，给予警告，对单位直接负责的主管人员和其他直接责任人员依法给予处分。前款所列行为影响中标结果的，中标无效。"

第57条规定："招标人在评标委员会依法推荐的中标候选人以外确定中标人的，依法必须进行招标的项目在所有投标被评标委员会否决后自行确定中标人的，中标无效。责令改正，可以处中标项目金额5‰以上10‰以下的罚款；对单位直接负责的主管人员和其他直接责任人员依法给予处分。"

b.《招标投标法实施条例》第67条第一款规定："投标人相互串通投标或者与招标人串通投标的，投标人向招标人或者评标委员会成员行贿谋取中标的，中标无效；构成犯罪的，依法追究刑事责任；尚不构成犯罪的，依照招标投标法第53条的规定处罚。投标人未中标的，对单位的罚款金额按照招标项目合同金额依照招标投标法规定的比例计算。"

第68条第1款规定："投标人以他人名义投标或者以其他方式弄虚作假骗取中标的，中标无效；构成犯罪的，依法追究刑事责任；尚不构成犯罪的，依照招标投标法第54条的规定处罚。依法必须进行招标的项目的投标人未中标的，对单位的罚款金额按照招标项目合同金额依照招标投标法规定的比例计算。"

第81条规定："依法必须进行招标的项目的招标投标活动违反招标投标法和本条例的规定，对中标结果造成实质性影响，且不能采取补救措施予以纠正的，招标、投标、中标无效，应当依法重新招标或者评标。"

【裁判观点】

(1) 名为分包实为转包的合同无效。❶

(2) 发包人明知或故意追求借用他人资质签订的合同无效。

最高人民法院倾向性意见：建设工程施工合同中，借用他人资质签订的合同，如果发包人在签订合同时是明知的或故意追求的，则借用有资质企业的实际施工人与承包人签订的合同和承包人与发包人签订的合同都应认定无效。实际施工人向发包人请求支付工程款基础为不当得利返还请求权，其返还范围包括欠付的工程款及其利息，利息应从在建工程或已完工程交付给发包人时计算。❷

(3) 在履行法定招标投标程序之前，招标人与投标人签订的建设工程施工合同无效。

---

❶ 最高人民法院〔2007〕民一终字第33号民事判决书。
❷ 最高人民法院民事审判第一庭编：《民事审判指导与参考》总第48辑（2011）年，《发包人明知或故意追求借用他人资质所签订的合同的效力和发包人欠付工程款的利息性质及其处理》，人民法院出版社，第99～111页。

《招标投标法》第 34 条规定："在确定中标人前，招标人不得与投标人就投标价格、投标方案等实质性内容进行谈判。"该规定对实现《招标投标法》的立法目的，即规范招标投标活动，保护国家利益、社会公共利益和招标投标活动当事人的合法权益，保证项目质量具有重要意义。相比较"在确定中标人前，招标人不得与投标人就投标价格、投标方案等实质性内容进行谈判"，在进行招标投标之前就在实质上先行确定了工程承包人，是对《招标投标法》更为严重的违反。举轻以明重，应当认定当事人的行为违反了法律强制性规定中的效力性规定，故该建设工程施工合同应为无效。❶

（4）备案的中标合同应具备的条件

最高人民法院裁判观点："备案的中标合同"应具备以下条件：

一是应当招标的工程项目。《招标投标法》第 3 条对哪些工程项目应当招标作出明确规定，体现了公权力对建筑市场的规制。

二是履行了招投标法定程序，依《中标通知书》记载的实质性内容签订的正式的施工合同。

三是《中标通知书》为认定合同效力的实质性条件。备案为工程行政管理部门对工程招标活动的行政管理措施，未备案不影响合同效力。备案合同为中标后按照招投标文件签订的正式施工合同，即备案的合同就是中标合同；如备案合同内容与《中标通知书》、正式施工合同（中标合同）记载内容不一致，应以后者为准。❷

2.14 合 同 份 数

【条文】十三、合同份数

本合同一式____份，均具有同等法律效力，发包人执____份，承包人执____份。

【条文注释】考虑工程项目具体情况，除合同当事人应持有所签订合同外，当事人的上级主管部门、档案管理等部门有可能要求留存合同文本原件，因此当事人根据需要可以签订多份合同文本。

---

❶ 最高人民法院民事审判第一庭编：《民事审判指导与参考》总第 39 辑（2009）年，【民事审判信箱】《在履行法定招标投标程序之前，招标人与投标人签订的建设工程施工合同无效》，法律出版社，第 290 页。

❷ 最高人民法院民事审判第一庭编：《民事审判指导与参考》总第 56 辑（2013）年【民事审判信箱】，《〈最高人民法院关于审理建设工程施工合同纠纷案件适用法律问题的解析〉第 21 条规定的"备案的中标合同"应当如何理解》，人民法院出版社，第 229 页。

第3章 《通用合同条款》条文注释

3.1 一 般 约 定

【条文】

1.1 词语定义与解释

合同协议书、通用合同条款、专用合同条款中的下列词语具有本款所赋予的含义。

1.1.1 合同

1.1.1.1 合同：是指根据法律规定和合同当事人约定具有约束力的文件，构成合同的文件包括合同协议书、中标通知书（如果有）、投标函及其附录（如果有）、专用合同条款及其附件、通用合同条款、技术标准和要求、图纸、已标价工程量清单或预算书以及其他合同文件。

1.1.1.2 合同协议书：是指构成合同的由发包人和承包人共同签署的称为"合同协议书"的书面文件。

1.1.1.3 中标通知书：是指构成合同的由发包人通知承包人中标的书面文件。

1.1.1.4 投标函：是指构成合同的由承包人填写并签署的用于投标的称为"投标函"的文件。

1.1.1.5 投标函附录：是指构成合同的附在投标函后的称为"投标函附录"的文件。

1.1.1.6 技术标准和要求：是指构成合同的施工应当遵守的或指导施工的国家、行业或地方的技术标准和要求，以及合同约定的技术标准和要求。

1.1.1.7 图纸：是指构成合同的图纸，包括由发包人按照合同约定提供或经发包人批准的设计文件、施工图、鸟瞰图及模型等，以及在合同履行过程中形成的图纸文件。图纸应当按照法律规定审查合格。

1.1.1.8 已标价工程量清单：是指构成合同的由承包人按照规定的格式和要求填写并标明价格的工程量清单，包括说明和表格。

1.1.1.9 预算书：是指构成合同的由承包人按照发包人规定的格式和要求编制的工程预算文件。

1.1.1.10 其他合同文件：是指经合同当事人约定的与工程施工有关的具有合同约束力的文件或书面协议。合同当事人可以在专用合同条款中进行约定。

【条文注释】本条说明了合同文件的组成。合同文件是包含了本合同条件在内、由多个文件组成的、对当事人构成约束的文件体系。对于合同文件构成需要注意以下几个方面：

（1）构成合同的文件包括合同协议书、中标通知书（如果有）、投标函及其附录（如果有）、专用合同条款及其附件、通用合同条款、技术标准和要求、图纸、已标价工程量清单或预算书以及其他合同文件。

（2）工程发包方式包括招标发包和直接发包。对于非招标项目，合同文件中不包括中标通知书、投标函及其附录及已标价工程量清单。

（3）其他合同文件。主要指补充协议、工程洽商、变更签证等对双方构成约束的书面文件。

【条文】

1.1.2　合同当事人及其他相关方

1.1.2.1　合同当事人：是指发包人和（或）承包人。

1.1.2.2　发包人：是指与承包人签订合同协议书的当事人及取得该当事人资格的合法继承人。

1.1.2.3　承包人：是指与发包人签订合同协议书的，具有相应工程施工承包资质的当事人及取得该当事人资格的合法继承人。

1.1.2.4　监理人：是指在专用合同条款中指明的，受发包人委托按照法律规定进行工程监督管理的法人或其他组织。

1.1.2.5　设计人：是指在专用合同条款中指明的，受发包人委托负责工程设计并具备相应工程设计资质的法人或其他组织。

1.1.2.6　分包人：是指按照法律规定和合同约定，分包部分工程或工作，并与承包人签订分包合同的具有相应资质的法人。

1.1.2.7　发包人代表：是指由发包人任命并派驻施工现场在发包人授权范围内行使发包人权利的人。

1.1.2.8　项目经理：是指由承包人任命并派驻施工现场，在承包人授权范围内负责合同履行，且按照法律规定具有相应资格的项目负责人。

1.1.2.9　总监理工程师：是指由监理人任命并派驻施工现场进行工程监理的总负责人。

【条文注释】本条规定了合同当事人及其他相关方。

（1）合同当事人是发包人和承包人。从民事法律关系主体角度看，发包人可以是自然人、法人或其他组织。

根据住房城乡建设部令第 22 号《建筑业企业资质管理规定》规定，建筑业企业资质分为施工总承包、专业承包和劳务分包三个序列。

施工总承包资质、专业承包资质按照工程性质和技术特点分别划分为若干资质类别，各资质类别按照规定的条件划分为若干资质等级。施工劳务资质不分类别与等级。建筑业企业资质标准和取得相应资质的企业可以承担工程的具体范围，由国务院住房城乡建设主管部门会同国务院有关部门制定。

（2）监理人。根据建设工程监理合同（示范文本）（GF—2012—0202）规定，"监理人"是指本合同中提供监理与相关服务的一方，及其合法的继承人；根据建设工程监理规范（GB/T 50319—2013）2.0.1 条规定，工程监理单位是依法成立并取得建设主管部门颁发的工程监理企业资质证书，从事建设工程监理与相关服务活动的服务机构。实行监理的建设工程，建设单位应当委托具有相应资质等级的工程监理单位进行监理。根据建设部第 158 号令《工程监理企业资质管理规定》规定，工程监理企业资质分为综合资质、专业资质和事务所资质。

据此，监理人既可以是法人，也可以是其他组织。

（3）设计人。根据建设工程设计合同示范文本（专业建设工程）（GF—2015—0210）规定，设计人是指与发包人签订合同协议书的，具有相应工程设计资质的当事人及取得该当事人资格的合法继承人；根据建设工程设计合同示范文本（房屋建筑工程）（GF—2015—0209）规定，设计人是指与发包人签订合同协议书的，具有相应工程设计资质的当事人及取得该当事人资格的合法继承人。从事建设工程勘察、设计的单位应当依法取得相应等级的资质证书，并在其资质等级许可的范围内承揽工程。原建设部第 160 号令《建设工程勘察设计资质管理规定》[1] 规定，工程设计资质分为工程设计综合资质、工程设计行业资质、工程设计专业资质和工程设计专项资质。据此，设计人既可以是法人，也可以是其他组织。

（4）分包人。分包包括专业工程分包和劳务作业分包。专业承包企业可以对所承接的专业工程全部自行施工，也可以将劳务作业依法分包给具有相应资质的劳务分包企业。

取得劳务分包资质的企业，可以承接施工总承包企业或专业承包企业分包的劳务作业。

【条文】

1.1.3　工程和设备

1.1.3.1　工程：是指与合同协议书中工程承包范围对应的永久工程和（或）临时工程。

1.1.3.2　永久工程：是指按合同约定建造并移交给发包人的工程，包括工程设备。

1.1.3.3　临时工程：是指为完成合同约定的永久工程所修建的各类临时性工程，不包括施工设备。

1.1.3.4　单位工程：是指在合同协议书中指明的，具备独立施工条件并能形成独立使用功能的永久工程。

1.1.3.5　工程设备：是指构成永久工程的机电设备、金属结构设备、仪器及其他类似的设备和装置。

1.1.3.6　施工设备：是指为完成合同约定的各项工作所需的设备、器具和其他物品，

---

[1]　《建设工程勘察设计资质管理规定》被住房和城乡建设部关于修改《房地产开发企业资质管理规定》等部门规章的决定（2015 年 5 月 4 日发布；2015 年 5 月 4 日实施）修订。

但不包括工程设备、临时工程和材料。

1.1.3.7 施工现场：是指用于工程施工的场所，以及在专用合同条款中指明作为施工场所组成部分的其他场所，包括永久占地和临时占地。

1.1.3.8 临时设施：是指为完成合同约定的各项工作所服务的临时性生产和生活设施。

1.1.3.9 永久占地：是指专用合同条款中指明为实施工程需永久占用的土地。

1.1.3.10 临时占地：是指专用合同条款中指明为实施工程需要临时占用的土地。

【条文注释】

（1）永久工程：建设永久工程须取得建设工程规划许可证。《城乡规划法》● 第 40 条规定："在城市、镇规划区内进行建筑物、构筑物、道路、管线和其他工程建设的，建设单位或者个人应当向城市、县人民政府城乡规划主管部门或者省、自治区、直辖市人民政府确定的镇人民政府申请办理建设工程规划许可证"。

（2）临时工程：《城乡规划法》第 44 条规定："在城市、镇规划区内进行临时建设的，应当经城市、县人民政府城乡规划主管部门批准。临时建设影响近期建设规划或者控制性详细规划的实施以及交通、市容、安全等的，不得批准。临时建设应当在批准的使用期限内自行拆除。"

（3）永久占地：《土地管理法》第 56 条规定："建设单位使用国有土地的，应当按照土地使用权出让等有偿使用合同的约定或者土地使用权划拨批准文件的规定使用土地"。

（4）临时占地：《土地管理法》第 57 条规定："建设项目施工和地质勘查需要临时使用国有土地或者农民集体所有的土地的，由县级以上人民政府土地行政主管部门批准。其中，在城市规划区内的临时用地，在报批前，应当先经有关城市规划行政主管部门同意。土地使用者应当根据土地权属，与有关土地行政主管部门或者农村集体经济组织、村民委员会签订临时使用土地合同，并按照合同的约定支付临时使用土地补偿费。

临时使用土地的使用者应当按照临时使用土地合同约定的用途使用土地，并不得修建永久性建筑物。临时使用土地期限一般不超过两年。"

【条文】

1.1.4 日期和期限

1.1.4.1 开工日期：包括计划开工日期和实际开工日期。计划开工日期是指合同协议书约定的开工日期；实际开工日期是指监理人按照第 7.3.2 项〔开工通知〕约定发出的符合法律规定的开工通知中载明的开工日期。

1.1.4.2 竣工日期：包括计划竣工日期和实际竣工日期。计划竣工日期是指合同协议书约定的竣工日期；实际竣工日期按照第 13.2.3 项〔竣工日期〕的约定确定。

1.1.4.3 工期：是指在合同协议书约定的承包人完成工程所需的期限，包括按照合

● 《城乡规划法》被全国人民代表大会常务委员会关于修改《中华人民共和国港口法》等七部法律的决定（2015 年 4 月 24 日发布；2015 年 4 月 24 日实施）修订。

同约定所作的期限变更。

1.1.4.4　缺陷责任期：是指承包人按照合同约定承担缺陷修复义务，且发包人预留质量保证金（已缴纳履约保证金的除外）的期限，自工程实际竣工日期起计算。

1.1.4.5　保修期：是指承包人按照合同约定对工程承担保修责任的期限，从工程竣工验收合格之日起计算。

1.1.4.6　基准日期：招标发包的工程以投标截止日前28天的日期为基准日期，直接发包的工程以合同签订日前28天的日期为基准日期。

1.1.4.7　天：除特别指明外，均指日历天。合同中按天计算时间的，开始当天不计入，从次日开始计算，期限最后一天的截止时间为当天24：00时。

【条文注释】本条明确了与合同履行相关日期的定义。

（1）开工日期。包括计划开工日期和实际开工日期。我国《建筑法》对于工程实际开工日期是施行监管的。建设单位应当自领取施工许可证之日起三个月内开工。因故不能按期开工的，应当向发证机关申请延期；延期以两次为限，每次不超过三个月。既不开工又不申请延期或者超过延期时限的，施工许可证自行废止。按照国务院有关规定批准开工报告的建筑工程，因故不能按期开工或者中止施工的，应当及时向批准机关报告情况。因故不能按期开工超过六个月的，应当重新办理开工报告的批准手续。

（2）竣工日期。包括计划竣工日期和实际竣工日期。计划竣工日期是投标人在投标文件中承诺并由发承包双方在协议书中约定的竣工日期。实际竣工日期是工程实际通过竣工验收或视为通过验收情形下的日期。具体参见本通用条款13.2.3［竣工日期］的条文注释。

（3）基准日期。借鉴FIDIC《施工合同条件》，引入"基准日期"的概念，作为判定某种风险是否属于承包商在投标阶段所应考虑到的分界日，用以分担因工程所在地法律法规变化导致的风险、汇率变动的风险以及确定投标报价的基准价格（人工费及材料费等）。

（4）缺陷责任期。根据《建设工程质量保证金管理暂行办法》（建质〔2017〕138号）规定，缺陷是指建设工程质量不符合工程建设强制性标准、设计文件，以及承包合同的约定。缺陷责任期一般为1年，最长不超过2年，由发、承包双方在合同中约定。

（5）保修期。《建筑法》和《建设工程质量管理条例》中确立了"质量保修期限"的定义，具体参见本通用条款15.4［保修］的条文注释。

【条文】

1.1.5　合同价格和费用

1.1.5.1　签约合同价：是指发包人和承包人在合同协议书中确定的总金额，包括安全文明施工费、暂估价及暂列金额等。

1.1.5.2　合同价格：是指发包人用于支付承包人按照合同约定完成承包范围内全部工作的金额，包括合同履行过程中按合同约定发生的价格变化。

1.1.5.3　费用：是指为履行合同所发生的或将要发生的所有必需的开支，包括管理费和应分摊的其他费用，但不包括利润。

1.1.5.4 暂估价：是指发包人在工程量清单或预算书中提供的用于支付必然发生但暂时不能确定价格的材料、工程设备的单价、专业工程以及服务工作的金额。

1.1.5.5 暂列金额：是指发包人在工程量清单或预算书中暂定并包括在合同价格中的一笔款项，用于工程合同签订时尚未确定或者不可预见的所需材料、工程设备、服务的采购，施工中可能发生的工程变更、合同约定调整因素出现时的合同价格调整以及发生的索赔、现场签证确认等的费用。

1.1.5.6 计日工：是指合同履行过程中，承包人完成发包人提出的零星工作或需要采用计日工计价的变更工作时，按合同中约定的单价计价的一种方式。

1.1.5.7 质量保证金：是指按照第15.3款〔质量保证金〕约定承包人用于保证其在缺陷责任期内履行缺陷修补义务的担保。

1.1.5.8 总价项目：是指在现行国家、行业以及地方的计量规则中无工程量计算规则，在已标价工程量清单或预算书中以总价或以费率形式计算的项目。

【条文注释】本条规定了合同中与合同价格和费用相关的定义。

（1）签约合同价。在菲迪克（FIDIC）1999年第1版《施工合同条件》中，该定义为"中标合同金额"（Accepted Contract Amount），系指在中标函中所认可的工程施工、竣工和修补任何缺陷所需的费用。

（2）合同价格。鉴于工程施工过程的复杂性，会有一些主客观因素对双方签约合同价产生影响，包括工程量清单计价模式下实际发生工程量与清单中估算工程量的差异、工程变更、法律法规变化、价格调整、索赔等。因此合同价格是指发包人用于支付承包人按照合同约定完成承包范围内全部工作的金额，包括合同履行过程中按合同约定发生的价格变化。

（3）费用：是指为履行合同所发生的或将要发生的所有必需的开支，包括管理费和应分摊的其他费用，但不包括利润。此定义应该与合同中索赔条款联系，以区分承包人是否可以获得费用之外的合理利润。

（4）暂估价：根据《建设工程工程量清单计价规范》规定，暂估价是指招标人在工程量清单中提供的用于支付必然发生但暂时不能确定价格的材料、工程设备的单价以及专业工程的金额。

（5）暂列金额：根据《建设工程工程量清单计价规范》规定，暂列金额是指招标人在工程量清单中暂定并包括在合同价格中的一笔款项。用于工程合同签订时尚未确定或者不可预见的所需材料、工程设备、服务的采购，施工中可能发生的工程变更、合同约定调整因素出现时的合同价格调整以及发生的索赔、现场签证确认等的费用。

（6）计日工：根据《建设工程工程量清单计价规范》规定，计日工是指在施工过程中，承包人完成发包人提出的工程合同范围以外的零星项目或工作，按合同中约定的单价计价的一种方式。

（7）质量保证金：《建设工程质量保证金管理暂行办法》（建质〔2017〕138号）第二条规定："本办法所称建设工程质量保证金（以下简称保证金）是指发包人与承包人在建

设工程承包合同中约定，从应付的工程款中预留，用以保证承包人在缺陷责任期内对建设工程出现的缺陷进行维修的资金"。

（8）总价项目：根据《建设工程工程量清单计价规范》规定，总价项目是指工程量清单中以总价计价的项目，即此类项目在现行国家计量规范中无工程量计算规则，以总价（或计算基础乘费率）计算的项目。

【条文】

1.1.6 其他

1.1.6.1 书面形式：是指合同文件、信函、电报、传真等可以有形地表现所载内容的形式。

【条文注释】《合同法》第 10 条规定："当事人订立合同，有书面形式、口头形式和其他形式。法律、行政法规规定采用书面形式的，应当采用书面形式。当事人约定采用书面形式的，应当采用书面形式。"

第 11 条规定："书面形式是指合同书、信件和数据电文（包括电报、电传、传真、电子数据交换和电子邮件）等可以有形地表现所载内容的形式。"

【条文】

1.2 语言文字

合同以中国的汉语简体文字编写、解释和说明。合同当事人在专用合同条款中约定使用两种以上语言时，汉语为优先解释和说明合同的语言。

【条文注释】我国《合同法》第 125 条规定："合同文本采用两种以上文字订立并约定具有同等效力的，对各文本使用的词句推定具有相同含义。各文本使用的词句不一致的，应当根据合同的目的予以解释。"可见，合同文本使用不同语言文字时，我国法律允许当事人约定所采用文字的优先顺序。本合同即约定汉语为优先解释和说明合同的语言。

【条文】

1.3 法律

合同所称法律是指中华人民共和国法律、行政法规、部门规章，以及工程所在地的地方性法规、自治条例、单行条例和地方政府规章等。

合同当事人可以在专用合同条款中约定合同适用的其他规范性文件。

【条文注释】本条明确了合同所适用的法律。

根据《立法法》❶ 规定，我国法律的表现形式包括法律、行政法规、地方性法规、自治条例和单行条例、规章等。

《中华人民共和国合同法》司法解释（一）第 4 条规定："合同法实施以后，人民法院确认合同无效，应当以全国人大及其常委会制定的法律和国务院制定的行政法规为依据，不得以地方性法规、行政规章为依据。"

---

❶ 《立法法》被全国人民代表大会关于修改《中华人民共和国立法法》的决定（2015 年 3 月 15 日发布；2015 年 3 月 15 日实施）修订。

因此，若合同双方当事人约定适用法律和行政法规以外的其他地方性法规、行政规章等，应在合同专用条款中明确约定。

【条文】

1.4 标准和规范

1.4.1 适用于工程的国家标准、行业标准、工程所在地的地方性标准，以及相应的规范、规程等，合同当事人有特别要求的，应在专用合同条款中约定。

1.4.2 发包人要求使用国外标准、规范的，发包人负责提供原文版本和中文译本，并在专用合同条款中约定提供标准规范的名称、份数和时间。

1.4.3 发包人对工程的技术标准、功能要求高于或严于现行国家、行业或地方标准的，应当在专用合同条款中予以明确。除专用合同条款另有约定外，应视为承包人在签订合同前已充分预见前述技术标准和功能要求的复杂程度，签约合同价中已包含由此产生的费用。

【条文注释】本条是关于合同所适用标准和规范的约定。

（1）强制性标准

标准包括国家标准、行业标准、地方标准、团体标准和企业标准。国家标准分为强制性标准、推荐性标准，行业标准、地方标准是推荐性标准。强制性标准必须执行。国家鼓励采用推荐性标准。

根据《标准化法》❶ 规定，对保障人身健康和生命财产安全、国家安全、生态环境安全以及满足经济社会管理基本需要的技术要求，应当制定强制性国家标准。国务院有关行政主管部门依据职责负责强制性国家标准的项目提出、组织起草、征求意见和技术审查。国务院标准化行政主管部门负责强制性国家标准的立项、编号和对外通报。国务院标准化行政主管部门应当对拟制定的强制性国家标准是否符合前款规定进行立项审查，对符合前款规定的予以立项。省、自治区、直辖市人民政府标准化行政主管部门可以向国务院标准化行政主管部门提出强制性国家标准的立项建议，由国务院标准化行政主管部门会同国务院有关行政主管部门决定。社会团体、企业事业组织以及公民可以向国务院标准化行政主管部门提出强制性国家标准的立项建议，国务院标准化行政主管部门认为需要立项的，会同国务院有关行政主管部门决定。强制性国家标准由国务院批准发布或者授权批准发布。法律、行政法规和国务院决定对强制性标准的制定另有规定的，从其规定。

（2）推荐性标准

对满足基础通用、与强制性国家标准配套、对各有关行业起引领作用等需要的技术要求，可以制定推荐性国家标准。推荐性国家标准由国务院标准化行政主管部门制定。

对没有推荐性国家标准、需要在全国某个行业范围内统一的技术要求，可以制定行业标准。行业标准由国务院有关行政主管部门制定，报国务院标准化行政主管部门备案。

为满足地方自然条件、风俗习惯等特殊技术要求，可以制定地方标准。地方标准由

---

❶ 《标准化法》于 2017 年 11 月 4 日发布；2018 年 1 月 1 日实施。

省、自治区、直辖市人民政府标准化行政主管部门制定；设区的市级人民政府标准化行政主管部门根据本行政区域的特殊需要，经所在地省、自治区、直辖市人民政府标准化行政主管部门批准，可以制定本行政区域的地方标准。地方标准由省、自治区、直辖市人民政府标准化行政主管部门报国务院标准化行政主管部门备案，由国务院标准化行政主管部门通报国务院有关行政主管部门。

【条文】

1.5　合同文件的优先顺序

组成合同的各项文件应互相解释，互为说明。除专用合同条款另有约定外，解释合同文件的优先顺序如下：

(1) 合同协议书；

(2) 中标通知书（如果有）；

(3) 投标函及其附录（如果有）；

(4) 专用合同条款及其附件；

(5) 通用合同条款；

(6) 技术标准和要求；

(7) 图纸；

(8) 已标价工程量清单或预算书；

(9) 其他合同文件。

上述各项合同文件包括合同当事人就该项合同文件所作出的补充和修改，属于同一类内容的文件，应以最新签署的为准。

在合同订立及履行过程中形成的与合同有关的文件均构成合同文件组成部分，并根据其性质确定优先解释顺序。

【条文注释】对于合同当事人权利义务构成约束的"合同文件"是由多个文件共同构成的文件体系。各个文件之间应该相互解释说明。同时，为防止各个文件对同一问题的描述产生含混或矛盾，应该明确各文件的优先顺序。

(1) 优先顺序设定应尊重当事人的意思表示。如果合同当事人认为某些合同文件最为明确地表达了双方的真实意思，则可以在专用条款中另行约定合同文件的优先顺序。

(2) 补充和修改。《合同法》第77条规定："当事人协商一致，可以变更合同。"因此对于合同当事人就该项合同文件所作出的补充和修改，属于同一类内容的文件，应以最新签署的为准。

【条文】

1.6　图纸和承包人文件

1.6.1　图纸的提供和交底

发包人应按照专用合同条款约定的期限、数量和内容向承包人免费提供图纸，并组织承包人、监理人和设计人进行图纸会审和设计交底。发包人至迟不得晚于第7.3.2项〔开工通知〕载明的开工日期前14天向承包人提供图纸。

因发包人未按合同约定提供图纸导致承包人费用增加和（或）工期延误的，按照第7.5.1项〔因发包人原因导致工期延误〕约定办理。

1.6.2 图纸的错误

承包人在收到发包人提供的图纸后，发现图纸存在差错、遗漏或缺陷的，应及时通知监理人。监理人接到该通知后，应附具相关意见并立即报送发包人，发包人应在收到监理人报送的通知后的合理时间内做出决定。合理时间是指发包人在收到监理人的报送通知后，尽其努力且不懈怠地完成图纸修改补充所需的时间。

1.6.3 图纸的修改和补充

图纸需要修改和补充的，应经图纸原设计人及审批部门同意，并由监理人在工程或工程相应部位施工前将修改后的图纸或补充图纸提交给承包人，承包人应按修改或补充后的图纸施工。

1.6.4 承包人文件

承包人应按照专用合同条款的约定提供应当由其编制的与工程施工有关的文件，并按照专用合同条款约定的期限、数量和形式提交监理人，并由监理人报送发包人。

除专用合同条款另有约定外，监理人应在收到承包人文件后7天内审查完毕，监理人对承包人文件有异议的，承包人应予以修改，并重新报送监理人。监理人的审查并不减轻或免除承包人根据合同约定应当承担的责任。

1.6.5 图纸和承包人文件的保管

除专用合同条款另有约定外，承包人应在施工现场另外保存一套完整的图纸和承包人文件，供发包人、监理人及有关人员进行工程检查时使用。

【条文注释】本条规定了图纸的提供、保管和使用。

（1）图纸的提供和交底。根据《建设工程质量管理条例》规定，建设单位应当将施工图设计文件报县级以上人民政府建设行政主管部门或者其他有关部门审查。施工图设计文件未经审查批准的，不得使用。设计单位应当就审查合格的施工图设计文件向施工单位作出详细说明。

（2）设计图纸错误。《建设工程质量管理条例》第28条规定："施工单位必须按照工程设计图纸和施工技术标准施工，不得擅自修改工程设计，不得偷工减料。施工单位在施工过程中发现设计文件和图纸有差错的，应当及时提出意见和建议。"

（3）承包人文件。如果此处的"承包人文件"包括部分设计工作的，则承包人还应该具有相应的设计资质。

【条文】

1.7 联络

1.7.1 与合同有关的通知、批准、证明、证书、指示、指令、要求、请求、同意、意见、确定和决定等，均应采用书面形式，并应在合同约定的期限内送达接收人和送达地点。

1.7.2 发包人和承包人应在专用合同条款中约定各自的送达接收人和送达地点。任何一方合同当事人指定的接收人或送达地点发生变动的，应提前3天以书面形式通知对方。

1.7.3 发包人和承包人应当及时签收另一方送达至送达地点和指定接收人的来往信函。拒不签收的，由此增加的费用和（或）延误的工期由拒绝接收一方承担。

【条文注释】本条明确了合同双方当事人的联络方式。

合同当事人之间互相推诿、拒绝签收对方通知、批准、证明、证书、指示、指令、要求、请求、同意、意见、确定和决定等相关工程文件的情况时有发生，影响双方当事人权利义务关系的确定。

双方当事人应在合同专用条款中明确约定各自送达的接收人和地点。约定内容有变动时提前书面通知到对方。

关于送达的方式，双方可在合同专用条款中明确约定采用公证送达或专递等方式。若一方当事人有证据证明对方当事人拒绝签收，则只要相关工程文件送达约定地点即视为已经签收。

【条文】

1.8 *严禁贿赂*

合同当事人不得以贿赂或变相贿赂的方式，谋取非法利益或损害对方权益。因一方合同当事人的贿赂造成对方损失的，应赔偿损失，并承担相应的法律责任。

承包人不得与监理人或发包人聘请的第三方串通损害发包人利益。未经发包人书面同意，承包人不得为监理人提供合同约定以外的通信设备、交通工具及其他任何形式的利益，不得向监理人支付报酬。

【条文注释】本条是对严禁贿赂的规定。

(1) 合同当事人之间的贿赂。

《建筑法》第17条规定："发包单位及其工作人员在建筑工程发包中不得收受贿赂、回扣或者索取其他好处。承包单位及其工作人员不得利用向发包单位及其工作人员行贿、提供回扣或者给予其他好处等不正当手段承揽工程。"

第68条规定："在工程发包与承包中索贿、受贿、行贿，构成犯罪的，依法追究刑事责任；不构成犯罪的，分别处以罚款，没收贿赂的财物，对直接负责的主管人员和其他直接责任人员给予处分。对在工程承包中行贿的承包单位，除依照前款规定处罚外，可以责令停业整顿，降低资质等级或者吊销资质证书。"

(2)《刑法》对行贿罪进行了详细规定。第163条规定："公司、企业或者其他单位的工作人员利用职务上的便利，索取他人财物或者非法收受他人财物，为他人谋取利益，数额较大的，处五年以下有期徒刑或者拘役；数额巨大的，处5年以上有期徒刑，可以并处没收财产。

公司、企业或者其他单位的工作人员在经济往来中，利用职务上的便利，违反国家规定，收受各种名义的回扣、手续费，归个人所有的，依照前款的规定处罚。

国有公司、企业或者其他国有单位中从事公务的人员和国有公司、企业或者其他国有单位委派到非国有公司、企业以及其他单位从事公务的人员有前两款行为的，依照本法第385条、第386条的规定定罪处罚。"

第164条规定："为谋取不正当利益，给予公司、企业或者其他单位的工作人员以财物，数额较大的，处3年以下有期徒刑或者拘役，并处罚金；数额巨大的，处3年以上10年以下有期徒刑，并处罚金。为谋取不正当商业利益，给予外国公职人员或者国际公共组织官员以财物的，依照前款的规定处罚。单位犯前两款罪的，对单位判处罚金，并对其直接负责的主管人员和其他直接责任人员，依照第一款的规定处罚。行贿人在被追诉前主动交待行贿行为的，可以减轻处罚或者免除处罚。"

以上规定适于用一般非政府投资项目中承包人行贿的定罪及处罚。而对于使用政府资金投资的项目，承包人的行贿定罪及处罚应适用下列条款。

《刑法》第389条规定："为谋取不正当利益，给予国家工作人员以财物的，是行贿罪。在经济往来中，违反国家规定，给予国家工作人员以财物，数额较大的，或者违反国家规定，给予国家工作人员以各种名义的回扣、手续费的，以行贿论处。因被勒索给予国家工作人员以财物，没有获得不正当利益的，不是行贿。"

第390条规定："对犯行贿罪的，处5年以下有期徒刑或者拘役，并处罚金；因行贿谋取不正当利益，情节严重的，或者使国家利益遭受重大损失的，处5年以上10年以下有期徒刑，并处罚金；情节特别严重的，或者使国家利益遭受特别重大损失的，处10年以上有期徒刑或者无期徒刑，并处罚金或者没收财产。行贿人在被追诉前主动交代行贿行为的，可以从轻或者减轻处罚。其中，犯罪较轻的，对侦破重大案件起关键作用的，或者有重大立功表现的，可以减轻或者免除处罚。"

（3）承包人对于监理人的贿赂。《建筑法》第35条规定："工程监理单位与承包单位串通，为承包单位谋取非法利益，给建设单位造成损失的，应当与承包单位承担连带赔偿责任。"

【条文】

1.9　化石、文物

在施工现场发掘的所有文物、古迹以及具有地质研究或考古价值的其他遗迹、化石、钱币或物品属于国家所有。一旦发现上述文物，承包人应采取合理有效的保护措施，防止任何人员移动或损坏上述物品，并立即报告有关政府行政管理部门，同时通知监理人。

发包人、监理人和承包人应按有关政府行政管理部门要求采取妥善的保护措施，由此增加的费用和（或）延误的工期由发包人承担。

承包人发现文物后不及时报告或隐瞒不报，致使文物丢失或损坏的，应赔偿损失，并承担相应的法律责任。

【条文注释】中华人民共和国境内地下、内水和领海中遗存的一切文物，属于国家所有。国有文物所有权受法律保护，不容侵犯。

进行大型基本建设工程，建设单位应当事先报请省、自治区、直辖市人民政府文物行政部门组织从事考古发掘的单位在工程范围内有可能埋藏文物的地方进行考古调查、勘探。

在进行建设工程或者在农业生产中，任何单位或者个人发现文物，应当保护现场，立即报告当地文物行政部门，文物行政部门接到报告后，如无特殊情况，应当在 24 小时内赶赴现场，并在 7 日内提出处理意见。文物行政部门可以报请当地人民政府通知公安机关协助保护现场；发现重要文物的，应当立即上报国务院文物行政部门，国务院文物行政部门应当在接到报告后 15 日内提出处理意见。

依照以上规定发现的文物属于国家所有，任何单位或者个人不得哄抢、私分、藏匿。

【条文】

1.10   交通运输

1.10.1   出入现场的权利

除专用合同条款另有约定外，发包人应根据施工需要，负责取得出入施工现场所需的批准手续和全部权利，以及取得因施工所需修建道路、桥梁以及其他基础设施的权利，并承担相关手续费用和建设费用。承包人应协助发包人办理修建场内外道路、桥梁以及其他基础设施的手续。

承包人应在订立合同前查勘施工现场，并根据工程规模及技术参数合理预见工程施工所需的进出施工现场的方式、手段、路径等。因承包人未合理预见所增加的费用和（或）延误的工期由承包人承担。

1.10.2   场外交通

发包人应提供场外交通设施的技术参数和具体条件，承包人应遵守有关交通法规，严格按照道路和桥梁的限制荷载行驶，执行有关道路限速、限行、禁止超载的规定，并配合交通管理部门的监督和检查。场外交通设施无法满足工程施工需要的，由发包人负责完善并承担相关费用。

1.10.3   场内交通

发包人应提供场内交通设施的技术参数和具体条件，并应按照专用合同条款的约定向承包人免费提供满足工程施工所需的场内道路和交通设施。因承包人原因造成上述道路或交通设施损坏的，承包人负责修复并承担由此增加的费用。

除发包人按照合同约定提供的场内道路和交通设施外，承包人负责修建、维修、养护和管理施工所需的其他场内临时道路和交通设施。发包人和监理人可以为实现合同目的使用承包人修建的场内临时道路和交通设施。

场外交通和场内交通的边界由合同当事人在专用合同条款中约定。

1.10.4   超大件和超重件的运输

由承包人负责运输的超大件或超重件，应由承包人负责向交通管理部门办理申请手续，发包人给予协助。运输超大件或超重件所需的道路和桥梁临时加固改造费用和其他有关费用，由承包人承担，但专用合同条款另有约定除外。

1.10.5   道路和桥梁的损坏责任

因承包人运输造成施工场地内外公共道路和桥梁损坏的，由承包人承担修复损坏的全部费用和可能引起的赔偿。

1.10.6 水路和航空运输

本款前述各项的内容适用于水路运输和航空运输，其中"道路"一词的含义包括河道、航线、船闸、机场、码头、堤防以及水路或航空运输中其他相似结构物；"车辆"一词的含义包括船舶和飞机等。

【条文注释】本条规定了施工合同履行过程中的交通运输问题。

（1）出入现场的权利。本款约定："发包人应根据施工需要，负责取得出入施工现场所需的批准手续和全部权利，以及取得因施工所需修建道路、桥梁以及其他基础设施的权利，并承担相关手续费用和建设费用"。

这一约定与FIDIC《施工合同条件》有较大不同，4.13［道路通行权和设施］约定："承包商应为其所需要的专用和（或）临时道路包括进场道路的通行权，承担全部费用和开支。承包商还应自担风险和费用，取得为工程目的可能需要的现场以外的任何附加设施"。

（2）场外交通和场内交通。根据本通用条款，发包人应向承包人免费提供满足工程施工所需的场内道路和交通设施；场外交通设施无法满足工程施工需要的，也由发包人负责完善并承担相关费用。

（3）损坏责任。由于发包人已经提供了现场内外交通设施的技术参数和具体条件，因此承包人负责的任何运输行为均应在满足这些运输条件下方可进行，因承包人运输造成施工场地内外公共道路和桥梁损坏的，由承包人承担修复损坏的全部费用和可能引起的赔偿。

【条文】

1.11 知识产权

1.11.1 除专用合同条款另有约定外，发包人提供给承包人的图纸、发包人为实施工程自行编制或委托编制的技术规范以及反映发包人要求的或其他类似性质的文件的著作权属于发包人，承包人可以为实现合同目的而复制、使用此类文件，但不能用于与合同无关的其他事项。未经发包人书面同意，承包人不得为了合同以外的目的而复制、使用上述文件或将之提供给任何第三方。

1.11.2 除专用合同条款另有约定外，承包人为实施工程所编制的文件，除署名权以外的著作权属于发包人，承包人可因实施工程的运行、调试、维修、改造等目的而复制、使用此类文件，但不能用于与合同无关的其他事项。未经发包人书面同意，承包人不得为了合同以外的目的而复制、使用上述文件或将之提供给任何第三方。

1.11.3 合同当事人保证在履行合同过程中不侵犯对方及第三方的知识产权。承包人在使用材料、施工设备、工程设备或采用施工工艺时，因侵犯他人的专利权或其他知识产权所引起的责任，由承包人承担；因发包人提供的材料、施工设备、工程设备或施工工艺导致侵权的，由发包人承担责任。

1.11.4 除专用合同条款另有约定外，承包人在合同签订前和签订时已确定采用的专利、专有技术、技术秘密的使用费已包含在签约合同价中。

【条文注释】本条是建设工程合同中所涉及的知识产权相关规定。

我国法律所保护的知识产权包括著作权、专利权、商标权。在建设工程中所涉及的知识产权主要包括工程文件的著作权以及施工过程采用的一些新技术、新发明的专利权和企业申请注册的一些商标。

(1) 单位作品。《著作权法》第11条第3款是对单位著作权的规定："由法人或者其他组织主持，代表法人或者其他组织意志创作，并由法人或者其他组织承担责任的作品，法人或者其他组织视为作者"。

(2) 职务作品。《著作权法》规定："公民为完成法人或者其他组织工作任务所创作的作品是职务作品，除本条第2款的规定以外，著作权由作者享有，但法人或者其他组织有权在其业务范围内优先使用。作品完成两年内，未经单位同意，作者不得许可第三人以与单位使用的相同方式使用该作品。有下列情形之一的职务作品，作者享有署名权，著作权的其他权利由法人或者其他组织享有，法人或者其他组织可以给予作者奖励：（一）主要是利用法人或者其他组织的物质技术条件创作，并由法人或者其他组织承担责任的工程设计图、产品设计图、地图、计算机软件等职务作品；（二）法律、行政法规规定或者合同约定著作权由法人或者其他组织享有的职务作品"。

(3) 委托作品。《著作权法》第17条对委托作品著作权归属的规定："受委托创作的作品，著作权的归属由委托人和受托人通过合同约定。合同未作明确约定或者没有订立合同的，著作权属于受托人"。

【条文】

1.12 保密

除法律规定或合同另有约定外，未经发包人同意，承包人不得将发包人提供的图纸、文件以及声明需要保密的资料信息等商业秘密泄露给第三方。

除法律规定或合同另有约定外，未经承包人同意，发包人不得将承包人提供的技术秘密及声明需要保密的资料信息等商业秘密泄露给第三方。

【条文注释】建设工程合同属于广义上的承揽合同。《合同法》第16章"建设工程合同"第287条规定："本章没有规定的，适用承揽合同的有关规定。"《合同法》第15章"承揽合同"第266条规定："承揽人应当按照定作人的要求保守秘密，未经定作人许可，不得留存复制品或者技术资料"。

【条文】

1.13 工程量清单错误的修正

除专用合同条款另有约定外，发包人提供的工程量清单，应被认为是准确的和完整的。出现下列情形之一时，发包人应予以修正，并相应调整合同价格：

(1) 工程量清单存在缺项、漏项的；

(2) 工程量清单偏差超出专用合同条款约定的工程量偏差范围的；

(3) 未按照国家现行计量规范强制性规定计量的。

【条文注释】导致工程量清单缺项的原因包括设计变更、施工条件变化、清单编制错误等。根据本条工程量清单存在缺项、漏项的，发包人应予以修正，并相应调整合同价格。由于新增部分清单项目后引起措施项目发生变化的，由承包人提交实施方案报发包人批准后调整合同价格。

3.2 发 包 人

【条文】

2.1 许可或批准

发包人应遵守法律，并办理法律规定由其办理的许可、批准或备案，包括但不限于建设用地规划许可证、建设工程规划许可证、建设工程施工许可证、施工所需临时用水、临时用电、中断道路交通、临时占用土地等许可和批准。发包人应协助承包人办理法律规定的有关施工证件和批件。

因发包人原因未能及时办理完毕前述许可、批准或备案，由发包人承担由此增加的费用和（或）延误的工期，并支付承包人合理的利润。

【条文注释】本条列举了应由发包人办理的许可、批准或备案。

（1）建设用地规划许可证。《城乡规划法》第37条规定："在城市、镇规划区内以划拨方式提供国有土地使用权的建设项目，经有关部门批准、核准、备案后，建设单位应当向城市、县人民政府城乡规划主管部门提出建设用地规划许可申请，由城市、县人民政府城乡规划主管部门依据控制性详细规划核定建设用地的位置、面积、允许建设的范围，核发建设用地规划许可证。"

第38条规定："在城市、镇规划区内以出让方式提供国有土地使用权的，在国有土地使用权出让前，城市、县人民政府城乡规划主管部门应当依据控制性详细规划，提出出让地块的位置、使用性质、开发强度等规划条件，作为国有土地使用权出让合同的组成部分。未确定规划条件的地块，不得出让国有土地使用权。以出让方式取得国有土地使用权的建设项目，在签订国有土地使用权出让合同后，建设单位应当持建设项目的批准、核准、备案文件和国有土地使用权出让合同，向城市、县人民政府城乡规划主管部门领取建设用地规划许可证"。

（2）建设工程规划许可证。《城乡规划法》第40条规定："在城市、镇规划区内进行建筑物、构筑物、道路、管线和其他工程建设的，建设单位或者个人应当向城市、县人民政府城乡规划主管部门或者省、自治区、直辖市人民政府确定的镇人民政府申请办理建设工程规划许可证"。

（3）建设工程施工许可证。《建筑法》第7条规定："建筑工程开工前，建设单位应当按照国家有关规定向工程所在地县级以上人民政府建设行政主管部门申请领取施工许可证；但是，国务院建设行政主管部门确定的限额以下的小型工程除外"。《建筑法》第8条规定："申请领取施工许可证，应当具备下列条件：（一）已经办理该建筑工程用地批准手续；（二）在城市规划区的建筑工程，已经取得规划许可证；（三）需要拆迁的，其拆迁进度符合施工要求；（四）已经确定建筑施工企业；（五）有满足施工需要的施工图纸及技术资料；（六）有保证工程质量和安全的具体措施；（七）建设资金已经落实；（八）法律、行政法规规定的其他条件。"住房和城乡建设部令第18号《建筑工程施工许可管理办法》第四条规定："建设单位申请领取施工许可证，应当具备下列条件，并提交相应的证明文件：（一）依法应当办理用地批准手续的，已经办理该建筑工程用地批准手续。（二）在城市、镇规划区的建筑工程，已经取得建设工程规划许可证。（三）施工场地已经基本具备施工条件，需要征收房屋的，其进度符合施工要求。（四）已经确定施工企业。按照规定应当招标的工程没有招标，应当公开招标的工程没有公开招标，或者肢解发包工程，以及将工程发包给不具备相应资质条件的企业的，所确定的施工企业无效。（五）有满足施工需要的技术资料，施工图设计文件已按规定审查合格。（六）有保证工程质量和安全的具体措施。施工企业编制的施工组织设计中有根据建筑工程特点制定的相应质量、安全技术措施。建立工程质量安全责任制并落实到人。专业性较强的工程项目编制了专项质量、安全施工组织设计，并按照规定办理了工程质量、安全监督手续。（七）按照规定应当委托监理的工程已委托监理。（八）建设资金已经落实。建设工期不足一年的，到位资金原则上不得少于工程合同价的50％，建设工期超过一年的，到位资金原则上不得少于工程合同价的30％。建设单位应当提供本单位截至申请之日无拖欠工程款情形的承诺书或者能够表明其无拖欠工程款情形的其他材料，以及银行出具的到位资金证明，有条件的可以实行银行付款保函或者其他第三方担保。（九）法律、行政法规规定的其他条件"。

（4）施工所需临时用水、临时用电、中断道路交通、临时占用土地。《建筑法》第42条规定："有下列情形之一的，建设单位应当按照国家有关规定办理申请批准手续：（一）需要临时占用规划批准范围以外场地的；（二）可能损坏道路、管线、电力、邮电通讯等公共设施的；（三）需要临时停水、停电、中断道路交通的；（四）需要进行爆破作业的；（五）法律、法规规定需要办理报批手续的其他情形"。

【裁判观点】

（1）最高人民法院裁判观点：取得建设工程规划许可证是进行合法建设的前提，未办理规划许可证施工合同无效。❶

（2）建设单位应当于建筑工程开工前申领施工许可证的规定，不属于法律强制性规定。

根据最高人民法院《合同法解释（二）》第14条的规定，《合同法》第52条第（5）项规定的合同因"违反法律、行政法规的强制性规定"而无效中的"法律、行政法规的强制性规定"，系指效力性强制性规定。而《建筑法》第7条及住房和城乡建设部《建筑工程施工许可管理办法》中，关于建设单位应当于建筑工程开工前申领施工许可证的规定，

---

❶ 最高人民法院［2016］民申第2689号民事裁定书。

属于建筑业管理规定，且后者从法律效力层级上看系部门规章。❶

【条文】

2.2 发包人代表

发包人应在专用合同条款中明确其派驻施工现场的发包人代表的姓名、职务、联系方式及授权范围等事项。发包人代表在发包人的授权范围内，负责处理合同履行过程中与发包人有关的具体事宜。发包人代表在授权范围内的行为由发包人承担法律责任。发包人更换发包人代表的，应提前7天书面通知承包人。

发包人代表不能按照合同约定履行其职责及义务，并导致合同无法继续正常履行的，承包人可以要求发包人撤换发包人代表。

不属于法定必须监理的工程，监理人的职权可以由发包人代表或发包人指定的其他人员行使。

【条文注释】发包人代表在发包人的授权范围内，负责处理合同履行过程中与发包人有关的具体事宜。因此发包人代表与发包人之间构成委托代理关系。根据《中华人民共和国民法总则》规定，民事主体可以通过代理人实施民事法律行为。依照法律规定、当事人约定或者民事法律行为的性质，应当由本人亲自实施的民事法律行为，不得代理。代理人在代理权限内，以被代理人名义实施的民事法律行为，对被代理人发生效力。

同时，鉴于《建设工程质量管理条例》明确了强制委托监理的工程范围，在非强制委托监理的工程中，监理人的职权可以由发包人代表或发包人指定的其他人员行使。

【条文】

2.3 发包人人员

发包人应要求在施工现场的发包人人员遵守法律及有关安全、质量、环境保护、文明施工等规定，并保障承包人免于承受因发包人人员未遵守上述要求给承包人造成的损失和责任。

发包人人员包括发包人代表及其他由发包人派驻施工现场的人员。

【条文注释】本条规定了发包人人员的责任和范围。需要注意的是，本合同范本中，发包人的人员不包括监理人及工程师。这与FIDIC《施工合同条件》的"雇主人员"有很大区别，FIDIC条件中雇主人员系指工程师、工程师助手以及雇主和工程师的所有其他职员、工人和其他雇员，以及雇主或工程师通知承包商作为雇主人员的任何其他人员。

【条文】

2.4 施工现场、施工条件和基础资料的提供

2.4.1 提供施工现场

除专用合同条款另有约定外，发包人应最迟于开工日期7天前向承包人移交施工现场。

2.4.2 提供施工条件

---

❶ 最高人民法院〔2013〕民申字第1632号民事裁定书。

除专用合同条款另有约定外，发包人应负责提供施工所需要的条件，包括：

（1）将施工用水、电力、通信线路等施工所必需的条件接至施工现场内；

（2）保证向承包人提供正常施工所需要的进入施工现场的交通条件；

（3）协调处理施工现场周围地下管线和邻近建筑物、构筑物、古树名木的保护工作，并承担相关费用；

（4）按照专用合同条款约定应提供的其他设施和条件。

2.4.3 提供基础资料

发包人应当在移交施工现场前向承包人提供施工现场及工程施工所必需的毗邻区域内供水、排水、供电、供气、供热、通信、广播电视等地下管线资料，气象和水文观测资料，地质勘查资料，相邻建筑物、构筑物和地下工程等有关基础资料，并对所提供资料的真实性、准确性和完整性负责。

按照法律规定确需在开工后方能提供的基础资料，发包人应尽其努力及时地在相应工程施工前的合理期限内提供，合理期限应以不影响承包人的正常施工为限。

2.4.4 逾期提供的责任

因发包人原因未能按合同约定及时向承包人提供施工现场、施工条件、基础资料的，由发包人承担由此增加的费用和（或）延误的工期。

【条文注释】本条约定了发包人移交施工现场需具备的条件、提供基础资料以及未能提供时需承担的责任。

（1）《建设工程质量管理条例》第9条规定："建设单位必须向有关的勘察、设计、施工、工程监理等单位提供与建设工程有关的原始资料。原始资料必须真实、准确、齐全"。

（2）《建设工程安全生产管理条例》第6条规定："建设单位应当向施工单位提供施工现场及毗邻区域内供水、排水、供电、供气、供热、通信、广播电视等地下管线资料，气象和水文观测资料，相邻建筑物和构筑物、地下工程的有关资料，并保证资料的真实、准确、完整"。

（3）《合同法》第283条规定："发包人未按照约定的时间和要求提供原材料、设备、场地、资金、技术资料的，承包人可以顺延工程日期，并有权要求赔偿停工、窝工等损失"。

【裁判观点】

最高人民法院裁判观点：因发包人提供错误的地质报告致使建设工程停工，当事人对停工时间未作约定或未达成协议的，承包人不应盲目等待而放任停工状态的持续以及停工损失的扩大。对于计算由此导致的停工损失所依据的停工时间的确定，也不能简单地以停工状态的自然持续时间为准，而是应根据案件事实综合确定一定的合理期间作为停工时间。❶

---

❶ 最高人民法院民事审判第一庭编：《民事审判指导与参考》总第50辑（2012）年【最高人民法院案件解析】，人民法院出版社，第168～186页。

【条文】

2.5 资金来源证明及支付担保

除专用合同条款另有约定外，发包人应在收到承包人要求提供资金来源证明的书面通知后 28 天内，向承包人提供能够按照合同约定支付合同价款的相应资金来源证明。

除专用合同条款另有约定外，发包人要求承包人提供的，发包人应当向承包人提供支付担保。支付担保可以采用银行保函或担保公司担保等形式，具体由合同当事人在专用合同条款中约定。

【条文注释】本条是为保护承包人利益，防止发包人拖欠工程款设置的。参照了 FID-IC《施工合同条件》2.4 款［雇主的资金安排］"在接到承包商的请求后，雇主应在 28 天内提供合理的证据，表明他已做出了资金安排，并将一直坚持实施这种安排，此安排能够使雇主按照规定支付合同价格的款额。如果雇主欲对其资金安排做出任何实质性变更，雇主应向承包商发出通知并提供详细资料"。

【条文】

2.6 支付合同价款

发包人应按合同约定向承包人及时支付合同价款。

【条文注释】本条强调了发包人的付款义务。

根据《合同法》规定，建设工程合同是承包人进行工程建设，发包人支付价款的合同。发包人未按照约定支付价款的，承包人可以催告发包人在合理期限内支付价款。发包人逾期不支付的，除按照建设工程的性质不宜折价、拍卖的以外，承包人可以与发包人协议将该工程折价，也可以申请人民法院将该工程依法拍卖。建设工程的价款就该工程折价或者拍卖的价款优先受偿。

【条文】

2.7 组织竣工验收

发包人应按合同约定及时组织竣工验收。

【条文注释】本条约定了发包人的竣工验收义务。《合同法》第 279 条规定："建设工程竣工后，发包人应当根据施工图纸及说明书、国家颁发的施工验收规范和质量检验标准及时进行验收。验收合格的，发包人应当按照约定支付价款，并接收该建设工程。建设工程竣工经验收合格后，方可交付使用；未经验收或者验收不合格的，不得交付使用"。

【条文】

2.8 现场统一管理协议

发包人应与承包人、由发包人直接发包的专业工程的承包人签订施工现场统一管理协议，明确各方的权利义务。施工现场统一管理协议作为专用合同条款的附件。

【条文注释】本条约定了多个单位在同一现场工作时的现场统一管理协议问题。《安全生产法》第 40 条规定："两个以上生产经营单位在同一作业区域内进行生产经营活动，可能危及对方生产安全的，应当签订安全生产管理协议，明确各自的安全生产管理职责和应当采取的安全措施，并指定专职安全生产管理人员进行安全检查与协调"。

3.3 承 包 人

【条文】

3.1 承包人的一般义务

承包人在履行合同过程中应遵守法律和工程建设标准规范，并履行以下义务：

(1) 办理法律规定应由承包人办理的许可和批准，并将办理结果书面报送发包人留存；

(2) 按法律规定和合同约定完成工程，并在保修期内承担保修义务；

(3) 按法律规定和合同约定采取施工安全和环境保护措施，办理工伤保险，确保工程及人员、材料、设备和设施的安全；

(4) 按合同约定的工作内容和施工进度要求，编制施工组织设计和施工措施计划，并对所有施工作业和施工方法的完备性和安全可靠性负责；

(5) 在进行合同约定的各项工作时，不得侵害发包人与他人使用公用道路、水源、市政管网等公共设施的权利，避免对邻近的公共设施产生干扰。承包人占用或使用他人的施工场地，影响他人作业或生活的，应承担相应责任；

(6) 按照第6.3款〔环境保护〕约定负责施工场地及其周边环境与生态的保护工作；

(7) 按第6.1款〔安全文明施工〕约定采取施工安全措施，确保工程及其人员、材料、设备和设施的安全，防止因工程施工造成的人身伤害和财产损失；

(8) 将发包人按合同约定支付的各项价款专用于合同工程，且应及时支付其雇用人员工资，并及时向分包人支付合同价款；

(9) 按照法律规定和合同约定编制竣工资料，完成竣工资料立卷及归档，并按专用合同条款约定的竣工资料的套数、内容、时间等要求移交发包人；

(10) 应履行的其他义务。

【条文注释】本条约定了承包人的主要义务。作为本合同的一方当事人，承包人最为基本的合同义务是在约定的合同工期和合同价格内，完成约定质量标准的建筑产品。在此过程中，应该遵守法律法规等规范性文件关于安全文明施工、保护环境的规定，并在竣工验收合格后完成竣工资料立卷及归档，移交发包人。

【裁判观点】

《第八次全国法院民事商事审判工作会议（民事部分）纪要》第34条规定："承包人不履行配合工程档案备案、开具支票等协作义务的，人民法院视违约情节，可以依据合同法第六十条、第一百零七条规定，判令承包人限期履行、赔偿损失等"。

【条文】

3.2 项目经理

3.2.1 项目经理应为合同当事人所确认的人选，并在专用合同条款中明确项目经理的姓名、职称、注册执业证书编号、联系方式及授权范围等事项，项目经理经承包人授权后代表承包人负责履行合同。项目经理应是承包人正式聘用的员工，承包人应向发包人提交项目经理与承包人之间的劳动合同，以及承包人为项目经理缴纳社会保险的有效证明。承包人不提交上述文件的，项目经理无权履行职责，发包人有权要求更换项目经理，由此增加的费用和（或）延误的工期由承包人承担。

项目经理应常驻施工现场，且每月在施工现场时间不得少于专用合同条款约定的天数。项目经理不得同时担任其他项目的项目经理。项目经理确需离开施工现场时，应事先通知监理人，并取得发包人的书面同意。项目经理的通知中应当载明临时代行其职责的人员的注册执业资格、管理经验等资料，该人员应具备履行相应职责的能力。

承包人违反上述约定的，应按照专用合同条款的约定，承担违约责任。

3.2.2 项目经理按合同约定组织工程实施。在紧急情况下为确保施工安全和人员安全，在无法与发包人代表和总监理工程师及时取得联系时，项目经理有权采取必要的措施保证与工程有关的人身、财产和工程的安全，但应在48小时内向发包人代表和总监理工程师提交书面报告。

3.2.3 承包人需要更换项目经理的，应提前14天书面通知发包人和监理人，并征得发包人书面同意。通知中应当载明继任项目经理的注册执业资格、管理经验等资料，继任项目经理继续履行第3.2.1项约定的职责。未经发包人书面同意，承包人不得擅自更换项目经理。承包人擅自更换项目经理的，应按照专用合同条款的约定承担违约责任。

3.2.4 发包人有权书面通知承包人更换其认为不称职的项目经理，通知中应当载明要求更换的理由。承包人应在接到更换通知后14天内向发包人提出书面的改进报告。发包人收到改进报告后仍要求更换的，承包人应在接到第二次更换通知的28天内进行更换，并将新任命的项目经理的注册执业资格、管理经验等资料书面通知发包人。继任项目经理继续履行第3.2.1项约定的职责。承包人无正当理由拒绝更换项目经理的，应按照专用合同条款的约定承担违约责任。

3.2.5 项目经理因特殊情况授权其下属人员履行其某项工作职责的，该下属人员应具备履行相应职责的能力，并应提前7天将上述人员的姓名和授权范围书面通知监理人，并征得发包人书面同意。

【条文注释】本条约定了项目经理的资格、职权和更换。

（1）项目经理的资格。原人事部、原建设部联合发布了《关于印发〈建造师执业资格制度暂行规定〉的通知》，对建设工程项目总承包及施工管理的专业技术人员实行建造师执业资格制度。一级建造师可以担任特级、一级建筑业企业资质的建设工程项目施工的项目经理；二级建造师可以担任二级及以下建筑业企业资质的建设工程项目施工的项目经理。

同时，为防止其他单位或个人借用承包人名义承揽工程，本款特别规定："项目经理应是承包人正式聘用的员工，承包人应向发包人提交项目经理与承包人之间的劳动合同，以及承包人为项目经理缴纳社会保险的有效证明。承包人不提交上述文件的，项目经理无权履行职责"。其法律依据为《注册建造师管理规定》规定申请初始注册时应当具备以下条件：（1）经考核认定或考试合格取得资格证书；（2）受聘于一个相关单位；（3）达到继续教育要求；（4）没有《注册建造师管理规定》中规定不予注册的情形。

根据《社会保险法》规定，职工应当参加基本养老保险，由用人单位和职工共同缴纳基本养老保险费；职工应当参加职工基本医疗保险，由用人单位和职工按照国家规定共同缴纳基本医疗保险费；职工应当参加工伤保险，由用人单位缴纳工伤保险费，职工不缴纳工伤保险费；职工应当参加失业保险，由用人单位和职工按照国家规定共同缴纳失业保险费；职工应当参加生育保险，由用人单位按照国家规定缴纳生育保险费，职工不缴纳生育保险费。

（2）不得同时担任其他项目的项目经理。《注册建造师执业管理办法》第九条规定："注册建造师不得同时担任两个及以上建设工程施工项目负责人。发生下列情形之一的除外：（一）同一工程相邻分段发包或分期施工的；（二）合同约定的工程验收合格的；（三）因非承包方原因致使工程项目停工超过120天（含），经建设单位同意的"。

（3）项目经理的更换。承包人需要更换项目经理的，需要征得发包人的书面同意；同时发包人有权要求承包人更换不称职的项目经理。《注册建造师执业管理办法》第十条规定："注册建造师担任施工项目负责人期间原则上不得更换。如发生下列情形之一的，应当办理书面交接手续后更换施工项目负责人：（一）发包方与注册建造师受聘企业已解除承包合同的；（二）发包方同意更换项目负责人的；（三）因不可抗力等特殊情况必须更换项目负责人的"。

【条文】

3.3 承包人人员

3.3.1 除专用合同条款另有约定外，承包人应在接到开工通知后7天内，向监理人提交承包人项目管理机构及施工现场人员安排的报告，其内容应包括合同管理、施工、技术、材料、质量、安全、财务等主要施工管理人员名单及其岗位、注册执业资格等，以及各工种技术工人的安排情况，并同时提交主要施工管理人员与承包人之间的劳动关系证明和缴纳社会保险的有效证明。

3.3.2 承包人派驻到施工现场的主要施工管理人员应相对稳定。施工过程中如有变动，承包人应及时向监理人提交施工现场人员变动情况的报告。承包人更换主要施工管理人员时，应提前7天书面通知监理人，并征得发包人书面同意。通知中应当载明继任人员的注册执业资格、管理经验等资料。

特殊工种作业人员均应持有相应的资格证明，监理人可以随时检查。

3.3.3 发包人对于承包人主要施工管理人员的资格或能力有异议的，承包人应提供资料证明被质疑人员有能力完成其岗位工作或不存在发包人所质疑的情形。发包人要求撤换不能按照合同约定履行职责及义务的主要施工管理人员的，承包人应当撤换。承包人无正当理由拒绝撤换的，应按照专用合同条款的约定承担违约责任。

3.3.4 除专用合同条款另有约定外，承包人的主要施工管理人员离开施工现场每月累计不超过5天的，应报监理人同意；离开施工现场每月累计超过5天的，应通知监理人，并征得发包人书面同意。主要施工管理人员离开施工现场前应指定一名有经验的人员临时代行其职责，该人员应具备履行相应职责的资格和能力，且应征得监理人或发包人的同意。

3.3.5　承包人擅自更换主要施工管理人员，或前述人员未经监理人或发包人同意擅自离开施工现场的，应按照专用合同条款约定承担违约责任。

【条文注释】本条是关于承包人人员的约定。

（1）承包人主要施工管理人员的相对稳定性。承包人项目管理人员的资质、资历等因素是发包人在确定中标人或承包人过程中进行评审、考量的重要因素。因此承包人应该按照其在投标文件中的承诺，保证投标文件中的主要施工管理人员切实到现场工作。承包人擅自更换主要施工管理人员，应承担违约责任。《建设工程质量管理条例》第26条规定："施工单位应当建立质量责任制，确定工程项目的项目经理、技术负责人和施工管理负责人"。

（2）特殊工种作业人员。特殊工种是指从事特殊岗位工作的统称，是指容易发生人员伤亡事故，对操作本人、他人及周围设施的安全有重大危害的工种。原国家劳动部将从事井下、高空、高温、特重体力劳动和有毒有害的工种定为特殊工种并明确特殊工种的范围由各行业主管部门或劳动部门确定。

【裁判观点】

最高人民法院裁判观点：合同关系不同于其他民事法律关系的特点在于合同的相对性。合同关系的相对性是合同制度赖以建立的基础和前提，也是合同立法和审判实践必须遵循的一项重要原则。依据该原则，只有合同当事人可以就合同起诉和被诉。建设项目施工负责人或管理人不是建设工程施工合同主体，不能以合同当事人名义提出支付工程款的请求。❶

【条文】

3.4　承包人现场查勘

承包人应对基于发包人按照第2.4.3项〔提供基础资料〕提交的基础资料所做出的解释和推断负责，但因基础资料存在错误、遗漏导致承包人解释或推断失实的，由发包人承担责任。

承包人应对施工现场和施工条件进行查勘，并充分了解工程所在地的气象条件、交通条件、风俗习惯以及其他与完成合同工作有关的其他资料。因承包人未能充分查勘、了解前述情况或未能充分估计前述情况所可能产生后果的，承包人承担由此增加的费用和（或）延误的工期。

【条文注释】本条是关于承包人对于发包人提供基础资料的使用和现场查勘的约定。

承包人对于发包人提供基础资料的使用。本通用条款2.4.3〔提供基础资料〕约定：

---

❶　最高人民法院民事审判第一庭编：《民事审判指导与参考》2010年第3集（总第43集），法律出版社2011年版，第176～177页。

"发包人应当在移交施工现场前向承包人提供施工现场有关基础资料，并对所提供资料的真实性、准确性和完整性负责"。

本款约定："承包人应对基于发包人按照第2.4.3项〔提供基础资料〕提交的基础资料所做出的解释和推断负责"。该约定参照了FIDIC施工合同的相关表述，《设计采购施工合同条件》4.10〔现场数据〕约定："雇主应在基准日期前，将其取得的现场地下和水文条件及环境方面的所有有关资料，提交给承包商。同样地，雇主在基准日期后得到的所有此类资料，也应提交给承包商。承包商应负责核实和解释所有此类资料。除第5.1款〔设计义务一般要求〕提出的情况以外，雇主对这些资料的准确性、充分性和完整性不承担责任"。

【条文】

3.5　分包

3.5.1　分包的一般约定

承包人不得将其承包的全部工程转包给第三人，或将其承包的全部工程肢解后以分包的名义转包给第三人。承包人不得将工程主体结构、关键性工作及专用合同条款中禁止分包的专业工程分包给第三人，主体结构、关键性工作的范围由合同当事人按照法律规定在专用合同条款中予以明确。

承包人不得以劳务分包的名义转包或违法分包工程。

3.5.2　分包的确定

承包人应按专用合同条款的约定进行分包，确定分包人。已标价工程量清单或预算书中给定暂估价的专业工程，按照第10.7款〔暂估价〕确定分包人。按照合同约定进行分包的，承包人应确保分包人具有相应的资质和能力。工程分包不减轻或免除承包人的责任和义务，承包人和分包人就分包工程向发包人承担连带责任。除合同另有约定外，承包人应在分包合同签订后7天内向发包人和监理人提交分包合同副本。

3.5.3　分包管理

承包人应向监理人提交分包人的主要施工管理人员表，并对分包人的施工人员进行实名制管理，包括但不限于进出场管理、登记造册以及各种证照的办理。

3.5.4　分包合同价款

（1）除本项第（2）目约定的情况或专用合同条款另有约定外，分包合同价款由承包人与分包人结算，未经承包人同意，发包人不得向分包人支付分包工程价款；

（2）生效法律文书要求发包人向分包人支付分包合同价款的，发包人有权从应付承包人工程款中扣除该部分款项。

3.5.5　分包合同权益的转让

分包人在分包合同项下的义务持续到缺陷责任期届满以后的，发包人有权在缺陷责任期届满前，要求承包人将其在分包合同项下的权益转让给发包人，承包人应当转让。除转让合同另有约定外，转让合同生效后，由分包人向发包人履行义务。

【条文注释】本条是关于分包的规定。

（1）根据《建筑法》规定，建筑工程总承包单位可以将承包工程中的部分工程发包给具有相应资质条件的分包单位；但是，除总承包合同中约定的分包外，必须经建设单位认可。建筑工程总承包单位按照总承包合同的约定对建设单位负责；分包单位按照分包合同的约定对总承包单位负责。总承包单位和分包单位就分包工程对建设单位承担连带责任。禁止总承包单位将工程分包给不具备相应资质条件的单位。禁止分包单位将其承包的工程再分包。

（2）根据《建筑法》规定，施工总承包的，建筑工程主体结构的施工必须由总承包单位自行完成。《招标投标法》第30条规定："投标人根据招标文件载明的项目实际情况，拟在中标后将中标项目的部分非主体、非关键性工作进行分包的，应当在投标文件中载明。建筑主体工程指基于地基基础之上，接受、承担和传递建设工程所有上部荷载，维持结构整体性、稳定性和安全性的承重结构体系"。

（3）分包权益的转让。鉴于分包人系与承包人订立的分包合同，分包人与发包人之间不存在合同关系。因此本通用条款约定分包人在分包合同项下的义务持续到缺陷责任期届满以后的，发包人有权在缺陷责任期届满前，要求承包人将其在分包合同项下的权益转让给发包人，承包人应当转让。

（4）关于违法分包。《建筑工程施工转包违法分包等违法行为认定查处管理办法（试行）》第四条规定："本办法所称违法发包，是指建设单位将工程发包给不具有相应资质条件的单位或个人，或者肢解发包等违反法律法规规定的行为"。

第5条规定："存在下列情形之一的，属于违法发包：（一）建设单位将工程发包给个人的（二）建设单位将工程发包给不具有相应资质或安全生产许可的施工单位的；（三）未履行法定发包程序，包括应当依法进行招标未招标，应当申请直接发包未申请或申请未核准的；（四）建设单位设置不合理的招投标条件，限制、排斥潜在投标人或者投标人的；（五）建设单位将一个单位工程的施工分解成若干部分发包给不同的施工总承包或专业承包单位的；（六）建设单位将施工合同范围内的单位工程或分部分项工程又另行发包的；（七）建设单位违反施工合同约定，通过各种形式要求承包单位选择其指定分包单位的；（八）法律法规规定的其他违法发包行为"。

（5）关于转包。《建筑工程施工转包违法分包等违法行为认定查处管理办法（试行）》第6条规定："本办法所称转包，是指施工单位承包工程后，不履行合同约定的责任和义务，将其承包的全部工程或者将其承包的全部工程肢解后以分包的名义分别转给其他单位或个人施工的行为"。

第7条规定："存在下列情形之一的，属于转包：（一）施工单位将其承包的全部工程转给其他单位或个人施工的；（二）施工总承包单位或专业承包单位将其承包的全部工程肢解以后，以分包的名义分别转给其他单位或个人施工的；（三）施工总承包单位或专业承包单位未在施工现场设立项目管理机构或未派驻项目负责人、技术负责人、质量管理负责人、安全管理负责人等主要管理人员，不履行管理义务，未对该工程的施工活动进行组织管理的；（四）施工总承包单位或专业承包单位不履行管理义务，只向实际施工单位收取费用，主要建筑材料、构配件及工程设备的采购由其他单位或个人实施的；（五）劳务分包单位承包的范围是施工总承包单位或专业承包单位承包的全部工程，劳务分包单位计取的是除上缴给施工总承包单位或专业承包单位"管理费"之外的全部工程价款的；（六）施工总承包单位或专业承包单位通过采取合作、联营、个人承包等形式或名义，直接或变相的将其承包的全部工程转给其他单位或个人施工的；（七）法律法规规定的其他转包行为"。

（6）关于"挂靠"施工。《建筑工程施工转包违法分包等违法行为认定查处管理办法（试行）》第十条规定："本办法所称挂靠，是指单位或个人以其他有资质的施工单位的名义，承揽工程的行为。前款所称承揽工程，包括参与投标、订立合同、办理有关施工手续、从事施工等活动"。第11条规定："存在下列情形之一的，属于挂靠：（一）没有资质的单位或个人借用其他施工单位的资质承揽工程的；（二）有资质的施工单位相互借用资质承揽工程的，包括资质等级低的借用资质等级高的，资质等级高的借用资质等级低的，相同资质等级相互借用的；（三）专业分包的发包单位不是该工程的施工总承包或专业承包单位的，但建设单位依约作为发包单位的除外；（四）劳务分包的发包单位不是该工程的施工总承包、专业承包单位或专业分包单位的；（五）施工单位在施工现场派驻的项目负责人、技术负责人、质量管理负责人、安全管理负责人中一人以上与施工单位没有订立劳动合同，或没有建立劳动工资或社会养老保险关系的；（六）实际施工总承包单位或专业承包单位与建设单位之间没有工程款收付关系，或者工程款支付凭证上载明的单位与施工合同中载明的承包单位不一致，又不能进行合理解释并提供材料证明的；（七）合同约定由施工总承包单位或专业承包单位负责采购或租赁的主要建筑材料、构配件及工程设备或租赁的施工机械设备，由其他单位或个人采购、租赁，或者施工单位不能提供有关采购、租赁合同及发票等证明，又不能进行合理解释并提供材料证明的；（八）法律法规规定的其他挂靠行为"。

【条文】

3.6　工程照管与成品、半成品保护

（1）除专用合同条款另有约定外，自发包人向承包人移交施工现场之日起，承包人应负责照管工程及工程相关的材料、工程设备，直到颁发工程接收证书之日止。

（2）在承包人负责照管期间，因承包人原因造成工程、材料、工程设备损坏的，由承包人负责修复或更换，并承担由此增加的费用和（或）延误的工期。

（3）对合同内分期完成的成品和半成品，在工程接收证书颁发前，由承包人承担保护责任。因承包人原因造成成品或半成品损坏的，由承包人负责修复或更换，并承担由此增加的费用和（或）延误的工期。

【条文注释】承包人在合同项下的主要义务是移交质量合格的工程。鉴于在工程颁发接收证书之前，施工现场由承包人占有使用，因此承包人应该负责照管工程及工程相关的材料、工程设备，并对已完成的成品和半成品负责保护。

【条文】

3.7 履约担保

发包人需要承包人提供履约担保的，由合同当事人在专用合同条款中约定履约担保的方式、金额及期限等。履约担保可以采用银行保函或担保公司担保等形式，具体由合同当事人在专用合同条款中约定。

因承包人原因导致工期延长的，继续提供履约担保所增加的费用由承包人承担；非因承包人原因导致工期延长的，继续提供履约担保所增加的费用由发包人承担。

【条文注释】本条是关于履约担保的约定。根据《招标投标法》规定，招标文件要求中标人提交履约保证金的，中标人应当提交。《招标投标法实施条例》第 58 条规定："招标文件要求中标人提交履约保证金的，中标人应当按照招标文件的要求提交。履约保证金不得超过中标合同金额的 10%"。

【裁判观点】

最高人民法院裁判观点：发包方与施工方另行约定工程未达到鲁班奖、不予退还履约保证金的条款无效。❶

【条文】

3.8 联合体

3.8.1 联合体各方应共同与发包人签订合同协议书。联合体各方应为履行合同向发包人承担连带责任。

3.8.2 联合体协议经发包人确认后作为合同附件。在履行合同过程中，未经发包人同意，不得修改联合体协议。

3.8.3 联合体牵头人负责与发包人和监理人联系，并接受指示，负责组织联合体各成员全面履行合同。

【条文注释】本条是关于联合体承包的规定。

(1)《建筑法》第 27 条规定："大型建筑工程或者结构复杂的建筑工程，可以由两个以上的承包单位联合共同承包。共同承包的各方对承包合同的履行承担连带责任"。

(2) 根据《招标投标法》规定，两个以上法人或者其他组织可以组成一个联合体，以一个投标人的身份共同投标。联合体各方均应当具备承担招标项目的相应能力；国家有关规定或者招标文件对投标人资格条件有规定的，联合体各方均应当具备规定的相应资格条件。由同一专业的单位组成的联合体，按照资质等级较低的单位确定资质等级。联合体各方应当签订共同投标协议，明确约定各方拟承担的工作和责任，并将共同投标协议连同投标文件一并提交招标人。联合体中标的，联合体各方应当共同与招标人签订合同，就中标项目向招标人承担连带责任。招标人不得强制投标人组成联合体共同投标，不得限制投标人之间的竞争。

(3)《招标投标法实施条例》第 37 条规定："招标人应当在资格预审公告、招标公告

---

❶ 最高人民法院民事审判第一庭编：《民事审判指导与参考》总第 50 辑（2012）年【民事审判信箱】，《发包方与施工方另行约定工程未达到鲁班奖、不予退还履约保证金的条款无效》，人民法院出版社，第 237 页。

或者投标邀请书中载明是否接受联合体投标"。

招标人接受联合体投标并进行资格预审的，联合体应当在提交资格预审申请文件前组成。资格预审后联合体增减、更换成员的，其投标无效。

联合体各方在同一招标项目中以自己名义单独投标或者参加其他联合体投标的，相关投标均无效。

3.4 监 理 人

【条文】

4.1 监理人的一般规定

工程实行监理的，发包人和承包人应在专用合同条款中明确监理人的监理内容及监理权限等事项。监理人应当根据发包人授权及法律规定，代表发包人对工程施工相关事项进行检查、查验、审核、验收，并签发相关指示，但监理人无权修改合同，且无权减轻或免除合同约定的承包人的任何责任与义务。

除专用合同条款另有约定外，监理人在施工现场的办公场所、生活场所由承包人提供，所发生的费用由发包人承担。

【条文注释】根据《建设工程质量管理条例》规定，实行监理的建设工程，建设单位应当委托具有相应资质等级的工程监理单位进行监理，也可以委托具有工程监理相应资质等级并与被监理工程的施工承包单位没有隶属关系或者其他利害关系的该工程的设计单位进行监理。

下列建设工程必须实行监理：（1）国家重点建设工程；（2）大中型公用事业工程；（3）成片开发建设的住宅小区工程；（4）利用外国政府或者国际组织贷款、援助资金的工程；（5）国家规定必须实行监理的其他工程。

工程监理单位应当依照法律、法规以及有关技术标准、设计文件和建设工程承包合同，代表建设单位对施工质量实施监理，并对施工质量承担监理责任。

由于监理人本身并不是施工合同的当事人，因此依据合同的相对性原则，本条特别指出监理人无权修改合同，且无权减轻或免除合同约定的承包人的任何责任与义务。

【条文】

4.2 监理人员

发包人授予监理人对工程实施监理的权利由监理人派驻施工现场的监理人员行使，监理人员包括总监理工程师及监理工程师。监理人应将授权的总监理工程师和监理工程师的姓名及授权范围以书面形式提前通知承包人。更换总监理工程师的，监理人应提前7天书面通知承包人；更换其他监理人员，监理人应提前48小时书面通知承包人。

【条文注释】根据《建设工程质量管理条例》规定，工程监理单位应当选派具备相应资格的总监理工程师和监理工程师进驻施工现场。根据《建设工程监理规范》规定，项目监理机构的监理人员应由总监理工程师、专业监理工程师和监理员组成，且专业配套、数量应满足建设工程监理工作需要，必要时可设总监理工程师代表。

【条文】

4.3　监理人的指示

监理人应按照发包人的授权发出监理指示。监理人的指示应采用书面形式，并经其授权的监理人员签字。紧急情况下，为了保证施工人员的安全或避免工程受损，监理人员可以口头形式发出指示，该指示与书面形式的指示具有同等法律效力，但必须在发出口头指示后24小时内补发书面监理指示，补发的书面监理指示应与口头指示一致。

监理人发出的指示应送达承包人项目经理或经项目经理授权接收的人员。因监理人未能按合同约定发出指示、指示延误或发出了错误指示而导致承包人费用增加和（或）工期延误的，由发包人承担相应责任。除专用合同条款另有约定外，总监理工程师不应将第4.4款〔商定或确定〕约定应由总监理工程师作出确定的权力授权或委托给其他监理人员。

承包人对监理人发出的指示有疑问的，应向监理人提出书面异议，监理人应在48小时内对该指示予以确认、更改或撤销，监理人逾期未回复的，承包人有权拒绝执行上述指示。

监理人对承包人的任何工作、工程或其采用的材料和工程设备未在约定的或合理期限内提出意见的，视为批准，但不免除或减轻承包人对该工作、工程、材料、工程设备等应承担的责任和义务。

【条文注释】本条约定了监理人指示的权限、方式和法律后果。根据《建筑法》规定，建筑工程监理应当依照法律、行政法规及有关的技术标准、设计文件和建筑工程承包合同，对承包单位在施工质量、建设工期和建设资金使用等方面，代表建设单位实施监督。

（1）监理人指示的权限。监理人应按照发包人的授权发出监理指示。

（2）监理人指示的方式。监理人的指示应采用书面形式，并经其授权的监理人员签字。紧急情况下，为了保证施工人员的安全或避免工程受损，监理人员可以口头形式发出指示。

（3）监理人指示的法律后果。监理人对承包人的任何工作、工程或其采用的材料和工程设备未在约定的或合理期限内提出意见的，视为批准，但不免除或减轻承包人对该工作、工程、材料、工程设备等应承担的责任和义务。

【条文】

4.4　商定或确定

合同当事人进行商定或确定时，总监理工程师应当会同合同当事人尽量通过协商达成一致，不能达成一致的，由总监理工程师按照合同约定审慎做出公正的确定。

总监理工程师应将确定以书面形式通知发包人和承包人，并附详细依据。合同当事人对总监理工程师的确定没有异议的，按照总监理工程师的确定执行。任何一方合同当事人有异议，按照第20条〔争议解决〕约定处理。争议解决前，合同当事人暂按总监理工师的确定执行；争议解决后，争议解决的结果与总监理工程师的确定不一致的，按照争议解决的结果执行，由此造成的损失由责任人承担。

【条文注释】本条是关于总监理工程师对合同事项进行商定或确定的约定。根据《建设工程监理规范》规定，建设工程监理应实行总监理工程师负责制。建设工程监理宜实施信息化管理。工程监理单位应公平、独立、诚信、科学地开展建设工程监理与相关服务活动。《建筑法》第 34 条规定："工程监理单位应当在其资质等级许可的监理范围内，承担工程监理业务。工程监理单位应当根据建设单位的委托，客观、公正地执行监理任务"。据此，本条规定合同当事人不能达成一致的，应由总监理工程师按照合同约定审慎做出公正的确定。

3.5 工 程 质 量

【条文】

5.1 质量要求

5.1.1 工程质量标准必须符合现行国家有关工程施工质量验收规范和标准的要求。有关工程质量的特殊标准或要求由合同当事人在专用合同条款中约定。

5.1.2 因发包人原因造成工程质量未达到合同约定标准的，由发包人承担由此增加的费用和（或）延误的工期，并支付承包人合理的利润。

5.1.3 因承包人原因造成工程质量未达到合同约定标准的，发包人有权要求承包人返工直至工程质量达到合同约定的标准为止，并由承包人承担由此增加的费用和（或）延误的工期。

【条文注释】本条规定了质量标准和质量责任。

（1）《建筑法》第 61 条规定："交付竣工验收的建筑工程，必须符合规定的建筑工程质量标准，有完整的工程技术经济资料和经签署的工程保修书，并具备国家规定的其他竣工条件"。

（2）最高人民法院《关于审理建设工程施工合同纠纷案件适用法律问题的解释》第12 条规定："发包人具有下列情形之一，造成建设工程质量缺陷，应当承担过错责任：（一）提供的设计有缺陷；（二）提供或者指定购买的建筑材料、建筑构配件、设备不符合强制性标准；（三）直接指定分包人分包专业工程。承包人有过错的，也应当承担相应的过错责任"。

（3）最高人民法院《关于审理建设工程施工合同纠纷案件适用法律问题的解释》第11 条规定："因承包人的过错造成建设工程质量不符合约定，承包人拒绝修理、返工或者改建，发包人请求减少支付工程价款的，应予支持"。

【条文】

5.2 质量保证措施

5.2.1 发包人的质量管理

发包人应按照法律规定及合同约定完成与工程质量有关的各项工作。

5.2.2　承包人的质量管理

承包人按照第7.1款〔施工组织设计〕约定向发包人和监理人提交工程质量保证体系及措施文件，建立完善的质量检查制度，并提交相应的工程质量文件。对于发包人和监理人违反法律规定和合同约定的错误指示，承包人有权拒绝实施。

承包人应对施工人员进行质量教育和技术培训，定期考核施工人员的劳动技能，严格执行施工规范和操作规程。

承包人应按照法律规定和发包人的要求，对材料、工程设备以及工程的所有部位及其施工工艺进行全过程的质量检查和检验，并作详细记录，编制工程质量报表，报送监理人审查。此外，承包人还应按照法律规定和发包人的要求，进行施工现场取样试验、工程复核测量和设备性能检测，提供试验样品、提交试验报告和测量成果以及其他工作。

5.2.3　监理人的质量检查和检验

监理人按照法律规定和发包人授权对工程的所有部位及其施工工艺、材料和工程设备进行检查和检验。承包人应为监理人的检查和检验提供方便，包括监理人到施工现场，或制造、加工地点，或合同约定的其他地方进行察看和查阅施工原始记录。监理人为此进行的检查和检验，不免除或减轻承包人按照合同约定应当承担的责任。

监理人的检查和检验不应影响施工正常进行。监理人的检查和检验影响施工正常进行的，且经检查检验不合格的，影响正常施工的费用由承包人承担，工期不予顺延；经检查检验合格的，由此增加的费用和（或）延误的工期由发包人承担。

【条文注释】本条规定了合同当事人和监理人的质量管理工作。

（1）发包人的质量管理。结合《建筑法》及《建设工程质量管理条例》，发包人应该完成的与质量管理有关的主要工作包括依法发包工程；提供与建设工程有关的原始资料；送审施工图；依法委托监理；办理工程质量监督手续；组织竣工验收；移交建设项目档案。

（2）承包人的质量管理。承包人的质量管理工作主要包括依法承包；对施工质量负责；建立质量责任制；按图施工；材料、构配件检验；质量检验；隐蔽工程验收；见证取样；质量缺陷返修；职工教育培训。

（3）监理人的质量管理。监理工程师应当按照工程监理规范的要求，采取旁站、巡视和平行检验等形式，对建设工程实施监理。

【条文】

5.3　隐蔽工程检查

5.3.1　承包人自检

承包人应当对工程隐蔽部位进行自检，并经自检确认是否具备覆盖条件。

5.3.2　检查程序

除专用合同条款另有约定外，工程隐蔽部位经承包人自检确认具备覆盖条件的，承包人应在共同检查前48小时书面通知监理人检查，通知中应载明隐蔽检查的内容、时间和地点，并应附有自检记录和必要的检查资料。

监理人应按时到场并对隐蔽工程及其施工工艺、材料和工程设备进行检查。经监理人检查确认质量符合隐蔽要求，并在验收记录上签字后，承包人才能进行覆盖。经监理人检查质量不合格的，承包人应在监理人指示的时间内完成修复，并由监理人重新检查，由此增加的费用和（或）延误的工期由承包人承担。

除专用合同条款另有约定外，监理人不能按时进行检查的，应在检查前24小时向承包人提交书面延期要求，但延期不能超过48小时，由此导致工期延误的，工期应予以顺延。监理人未按时进行检查，也未提出延期要求的，视为隐蔽工程检查合格，承包人可自行完成覆盖工作，并作相应记录报送监理人，监理人应签字确认。监理人事后对检查记录有疑问的，可按第5.3.3项〔重新检查〕的约定重新检查。

5.3.3　重新检查

承包人覆盖工程隐蔽部位后，发包人或监理人对质量有疑问的，可要求承包人对已覆盖的部位进行钻孔探测或揭开重新检查，承包人应遵照执行，并在检查后重新覆盖恢复原状。经检查证明工程质量符合合同要求的，由发包人承担由此增加的费用和（或）延误的工期，并支付承包人合理的利润；经检查证明工程质量不符合合同要求的，由此增加的费用和（或）延误的工期由承包人承担。

5.3.4　承包人私自覆盖

承包人未通知监理人到场检查，私自将工程隐蔽部位覆盖的，监理人有权指示承包人钻孔探测或揭开检查，无论工程隐蔽部位质量是否合格，由此增加的费用和（或）延误的工期均由承包人承担。

【条文注释】本条约定了隐蔽工程验收程序和责任分配原则。隐蔽工程是指因覆盖、掩埋或者后续施工而无法被看见的部分。各类项目中隐蔽工程不尽相同，例如在房屋建筑工程中隐蔽工程一般包括地基与基础、钢筋工程、给排水工程等。

（1）《建设工程质量管理条例》第30条规定："施工单位必须建立、健全施工质量的检验制度，严格工序管理，作好隐蔽工程的质量检查和记录。隐蔽工程在隐蔽前，施工单位应当通知建设单位和建设工程质量监督机构"。

（2）关于发包人或监理人的"重新检查"，一般认为该项权利应限于工程颁发接收证书前。

【条文】

5.4　不合格工程的处理

5.4.1　因承包人原因造成工程不合格的，发包人有权随时要求承包人采取补救措施，直至达到合同要求的质量标准，由此增加的费用和（或）延误的工期由承包人承担。无法补救的，按照第13.2.4项〔拒绝接收全部或部分工程〕约定执行。

5.4.2　因发包人原因造成工程不合格的，由此增加的费用和（或）延误的工期由发包人承担，并支付承包人合理的利润。

【条文注释】本条约定了不合格工程的处理原则。

（1）承包人原因造成工程不合格。《建设工程质量管理条例》第32条规定："施工单位对施工中出现质量问题的建设工程或者竣工验收不合格的建设工程，应当负责返修"。

（2）发包人原因造成工程不合格。最高人民法院《关于审理建设工程施工合同纠纷案件适用法律问题的解释》第12条规定："发包人具有下列情形之一，造成建设工程质量缺陷，应当承担过错责任：（一）提供的设计有缺陷；（二）提供或者指定购买的建筑材料、建筑构配件、设备不符合强制性标准；（三）直接指定分包人分包专业工程。承包人有过错的，也应当承担相应的过错责任"。

【条文】

5.5 质量争议检测

合同当事人对工程质量有争议的，由双方协商确定的工程质量检测机构鉴定，由此产生的费用及因此造成的损失，由责任方承担。

合同当事人均有责任的，由双方根据其责任分别承担。合同当事人无法达成一致的，按照第4.4款〔商定或确定〕执行。

【条文注释】本条约定了工程质量争议的解决办法，即由双方协商确定的工程质量检测机构进行质量鉴定。《建设工程质量检测管理办法》❶ 第4条规定："检测机构是具有独立法人资格的中介机构。检测机构从事本办法附件一规定的质量检测业务，应当依据本办法取得相应的资质证书。检测机构资质按照其承担的检测业务内容分为专项检测机构资质和见证取样检测机构资质"。

第12条规定："本办法规定的质量检测业务，由工程项目建设单位委托具有相应资质的检测机构进行检测。委托方与被委托方应当签订书面合同。检测结果利害关系人对检测结果发生争议的，由双方共同认可的检测机构复检，复检结果由提出复检方报当地建设主管部门备案"。

3.6 安全文明施工与环境保护

【条文】

6.1 安全文明施工

6.1.1 安全生产要求

合同履行期间，合同当事人均应当遵守国家和工程所在地有关安全生产的要求，合同当事人有特别要求的，应在专用合同条款中明确施工项目安全生产标准化达标目标及相应事项。承包人有权拒绝发包人及监理人强令承包人违章作业、冒险施工的任何指示。

在施工过程中，如遇到突发的地质变动、事先未知的地下施工障碍等影响施工安全的紧急情况，承包人应及时报告监理人和发包人，发包人应当及时下令停工并报政府有关行政管理部门采取应急措施。

---

❶ 《建设工程质量检测管理办法》被住房和城乡建设部关于修改《房地产开发企业资质管理规定》等部门规章的决定（2015年5月4日发布；2015年5月4日实施）修订。

因安全生产需要暂停施工的，按照第 7.8 款〔暂停施工〕的约定执行。

6.1.2 安全生产保证措施

承包人应当按照有关规定编制安全技术措施或者专项施工方案，建立安全生产责任制度、治安保卫制度及安全生产教育培训制度，并按安全生产法律规定及合同约定履行安全职责，如实编制工程安全生产的有关记录，接受发包人、监理人及政府安全监督部门的检查与监督。

6.1.3 特别安全生产事项

承包人应按照法律规定进行施工，开工前做好安全技术交底工作，施工过程中做好各项安全防护措施。承包人为实施合同而雇用的特殊工种的人员应受过专门的培训并已取得政府有关管理机构颁发的上岗证书。

承包人在动力设备、输电线路、地下管道、密封防震车间、易燃易爆地段以及临街交通要道附近施工时，施工开始前应向发包人和监理人提出安全防护措施，经发包人认可后实施。

实施爆破作业，在放射、毒害性环境中施工（含储存、运输、使用）及使用毒害性、腐蚀性物品施工时，承包人应在施工前 7 天以书面通知发包人和监理人，并报送相应的安全防护措施，经发包人认可后实施。

需单独编制危险性较大分部分项专项工程施工方案的，及要求进行专家论证的超过一定规模的危险性较大的分部分项工程，承包人应及时编制和组织论证。

【条文注释】6.1 条［安全文明施工］中以上三个条目是关于安全生产的要求。

（1）安全生产要求。《建设工程安全生产管理条例》第四条规定："建设单位、勘察单位、设计单位、施工单位、工程监理单位及其他与建设工程安全生产有关的单位，必须遵守安全生产法律、法规的规定，保证建设工程安全生产，依法承担建设工程安全生产责任"。

（2）编制专项施工方案。《建设工程安全生产管理条例》第 26 条规定："施工单位应当在施工组织设计中编制安全技术措施和施工现场临时用电方案，对下列达到一定规模的危险性较大的分部分项工程编制专项施工方案，并附具安全验算结果，经施工单位技术负责人、总监理工程师签字后实施，由专职安全生产管理人员进行现场监督：（一）基坑支护与降水工程；（二）土方开挖工程；（三）模板工程；（四）起重吊装工程；（五）脚手架工程；（六）拆除、爆破工程；（七）国务院建设行政主管部门或者其他有关部门规定的其他危险性较大的工程。对前款所列工程中涉及深基坑、地下暗挖工程、高大模板工程的专项施工方案，施工单位还应当组织专家进行论证、审查"。

（3）建立安全生产责任制度。根据《建设工程安全生产管理条例》规定，施工单位主要负责人依法对本单位的安全生产工作全面负责。施工单位应当建立健全安全生产责任制度和安全生产教育培训制度，制定安全生产规章制度和操作规程，保证本单位安全生产条件所需资金的投入，对所承担的建设工程进行定期和专项安全检查，并做好安全检查记录。

施工单位的项目负责人应当由取得相应执业资格的人员担任，对建设工程项目的安全施工负责。落实安全生产责任制度、安全生产规章制度和操作规程，确保安全生产费用的有效使用，并根据工程的特点组织制定安全施工措施，消除安全事故隐患，及时、如实报告生产安全事故。施工单位应当设立安全生产管理机构，配备专职安全生产管理人员。

专职安全生产管理人员负责对安全生产进行现场监督检查。发现安全事故隐患，应当及时向项目负责人和安全生产管理机构报告；对违章指挥、违章操作的，应当立即制止。

（4）安全技术交底。《建设工程安全生产管理条例》第27条规定："建设工程施工前，施工单位负责项目管理的技术人员应当对有关安全施工的技术要求向施工作业班组、作业人员作出详细说明，并由双方签字确认"。

【条文】

6.1.4 治安保卫

除专用合同条款另有约定外，发包人应与当地公安部门协商，在现场建立治安管理机构或联防组织，统一管理施工场地的治安保卫事项，履行合同工程的治安保卫职责。

发包人和承包人除应协助现场治安管理机构或联防组织维护施工场地的社会治安外，还应做好包括生活区在内的各自管辖区的治安保卫工作。

除专用合同条款另有约定外，发包人和承包人应在工程开工后7天内共同编制施工场地治安管理计划，并制定应对突发治安事件的紧急预案。在工程施工过程中，发生暴乱、爆炸等恐怖事件，以及群殴、械斗等群体性突发治安事件的，发包人和承包人应立即向当地政府报告。发包人和承包人应积极协助当地有关部门采取措施平息事态，防止事态扩大，尽量避免人员伤亡和财产损失。

【条文注释】施工现场保卫工作是安全生产的重要工作内容。根据《建设工程安全生产管理条例》规定，在城市市区内的建设工程，施工单位应当对施工现场实行封闭围挡。施工单位应建立施工现场安全保卫制度，落实岗位责任，维护好施工现场内外的治安环境，防止发生偷盗、赌博、滋事斗殴等社会治安案件。

【条文】

6.1.5 文明施工

承包人在工程施工期间，应当采取措施保持施工现场平整，物料堆放整齐。工程所在地有关政府行政管理部门有特殊要求的，按照其要求执行。合同当事人对文明施工有其他要求的，可以在专用合同条款中明确。

在工程移交之前，承包人应当从施工现场清除承包人的全部工程设备、多余材料、垃圾和各种临时工程，并保持施工现场清洁整齐。经发包人书面同意，承包人可在发包人指定的地点保留承包人履行保修期内的各项义务所需要的材料、施工设备和临时工程。

6.1.6 安全文明施工费

安全文明施工费由发包人承担，发包人不得以任何形式扣减该部分费用。因基准日期后合同所适用的法律或政府有关规定发生变化，增加的安全文明施工费由发包人承担。

承包人经发包人同意采取合同约定以外的安全措施所产生的费用，由发包人承担。未经发包人同意的，如果该措施避免了发包人的损失，则发包人在避免损失的额度内承担该措施费。如果该措施避免了承包人的损失，由承包人承担该措施费。

除专用合同条款另有约定外，发包人应在开工后 28 天内预付安全文明施工费总额的 50％，其余部分与进度款同期支付。发包人逾期支付安全文明施工费超过 7 天的，承包人有权向发包人发出要求预付的催告通知，发包人收到通知后 7 天内仍未支付的，承包人有权暂停施工，并按第 16.1.1 项〔发包人违约的情形〕执行。

承包人对安全文明施工费应专款专用，承包人应在财务账目中单独列项备查，不得挪作他用，否则发包人有权责令其限期改正；逾期未改正的，可以责令其暂停施工，由此增加的费用和（或）延误的工期由承包人承担。

【条文注释】根据住建部《建筑工程安全防护、文明施工措施费用及使用管理规定》规定，本规定所称安全防护、文明施工措施费用，是指按照国家现行的建筑施工安全、施工现场环境与卫生标准和有关规定，购置和更新施工安全防护用具及设施、改善安全生产条件和作业环境所需要的费用。建设单位申请领取建筑工程施工许可证时，应当将施工合同中约定的安全防护、文明施工措施费用支付计划作为保证工程安全的具体措施提交建设行政主管部门。未提交的，建设行政主管部门不予核发施工许可证。建设单位未按本规定支付安全防护、文明施工措施费用的，由县级以上建设行政主管部门依据《建设工程安全生产管理条例》第 54 条规定，责令限期整改；逾期未改正的，责令该建设工程停止施工。

【条文】

6.1.7 紧急情况处理

在工程实施期间或缺陷责任期内发生危及工程安全的事件，监理人通知承包人进行抢救，承包人声明无能力或不愿立即执行的，发包人有权雇佣其他人员进行抢救。此类抢救按合同约定属于承包人义务的，由此增加的费用和（或）延误的工期由承包人承担。

6.1.8 事故处理

工程施工过程中发生事故的，承包人应立即通知监理人，监理人应立即通知发包人。发包人和承包人应立即组织人员和设备进行紧急抢救和抢修，减少人员伤亡和财产损失，防止事故扩大，并保护事故现场。需要移动现场物品时，应做出标记和书面记录，妥善保管有关证据。发包人和承包人应按国家有关规定，及时如实地向有关部门报告事故发生的情况，以及正在采取的紧急措施等。

6.1.9 安全生产责任

6.1.9.1 发包人的安全责任

发包人应负责赔偿以下各种情况造成的损失：

（1）工程或工程的任何部分对土地的占用所造成的第三者财产损失；

（2）由于发包人原因在施工场地及其毗邻地带造成的第三者人身伤亡和财产损失；

（3）由于发包人原因对承包人、监理人造成的人员人身伤亡和财产损失；

（4）由于发包人原因造成的发包人自身人员的人身伤害以及财产损失。

6.1.9.2 承包人的安全责任

由于承包人原因在施工场地内及其毗邻地带造成的发包人、监理人以及第三者人员伤亡和财产损失，由承包人负责赔偿。

【条文注释】以上三个条目是关于安全生产事故的报告与处理的约定。

（1）事故报告。《生产安全事故报告和调查处理条例》第9条规定："事故发生后，事故现场有关人员应当立即向本单位负责人报告；单位负责人接到报告后，应当于1小时内向事故发生地县级以上人民政府安全生产监督管理部门和负有安全生产监督管理职责的有关部门报告。情况紧急时，事故现场有关人员可以直接向事故发生地县级以上人民政府安全生产监督管理部门和负有安全生产监督管理职责的有关部门报告"。

（2）事故救援。事故发生单位负责人接到事故报告后，应当立即启动事故相应应急预案，或者采取有效措施，组织抢救，防止事故扩大，减少人员伤亡和财产损失。事故发生后，有关单位和人员应当妥善保护事故现场以及相关证据，任何单位和个人不得破坏事故现场、毁灭相关证据。

（3）承包人的安全责任。建设工程实行施工总承包的，由总承包单位对施工现场的安全生产负总责。总承包单位应当自行完成建设工程主体结构的施工。总承包单位依法将建设工程分包给其他单位的，分包合同中应当明确各自在安全生产方面的权利、义务。总承包单位和分包单位对分包工程的安全生产承担连带责任。分包单位应当服从总承包单位的安全生产管理，分包单位不服从管理导致生产安全事故的，由分包单位承担主要责任。

【条文】

6.2　职业健康

6.2.1　劳动保护

承包人应按照法律规定安排现场施工人员的劳动和休息时间，保障劳动者的休息时间，并支付合理的报酬和费用。承包人应依法为其履行合同所雇用的人员办理必要的证件、许可、保险和注册等，承包人应督促其分包人为分包人所雇用的人员办理必要的证件、许可、保险和注册等。

承包人应按照法律规定保障现场施工人员的劳动安全，并提供劳动保护，并应按国家有关劳动保护的规定，采取有效的防止粉尘、降低噪声、控制有害气体和保障高温、高寒、高空作业安全等劳动保护措施。承包人雇佣人员在施工中受到伤害的，承包人应立即采取有效措施进行抢救和治疗。

承包人应按法律规定安排工作时间，保证其雇佣人员享有休息和休假的权利。因工程施工的特殊需要占用休假日或延长工作时间的，应不超过法律规定的限度，并按法律规定给予补休或付酬。

6.2.2　生活条件

承包人应为其履行合同所雇用的人员提供必要的膳宿条件和生活环境；承包人应采取有效措施预防传染病，保证施工人员的健康，并定期对施工现场、施工人员生活基地和工程进行防疫和卫生的专业检查和处理，在远离城镇的施工场地，还应配备必要的伤病防治和急救的医务人员与医疗设施。

【条文注释】本条是关于职业健康的约定，涉及承包人施工人员的劳动时间、保险待遇、劳动保护、生活条件等方面。

（1）劳动时间。《劳动法》第36条、第38条规定，国家实行劳动者每日工作时间不超过8小时、平均每周工作时间不超过44小时的工时制度。用人单位应当保证劳动者每周至少休息1日。据此，《国务院关于职工工作时间的规定》中规定，自1995年5月1日起，职工每日工作8小时，每周工作40小时。

《国务院关于职工工作时间的规定》中规定："在特殊条件下从事劳动和有特殊情况，需要适当缩短工作时间的，按照国家有关规定执行"。目前，我国实行缩短工作时间的主要是：从事矿山、高山、有毒、有害、特别繁重和过度紧张的体力劳动职工，以及纺织、化工、建筑冶炼、地质勘探、森林采伐、装卸搬运等行业或岗位的职工；从事夜班工作的劳动者；在哺乳期工作的女职工；16至18岁的未成年劳动者等。

（2）保险待遇。2011年修订后的《建筑法》规定："建筑施工企业必须为从事危险作业的职工办理意外伤害保险，支付保险费"。《建设工程安全生产管理条例》进一步规定："施工单位应当为施工现场从事危险作业的人员办理意外伤害保险。意外伤害保险费由施工单位支付"。

（3）劳动保护。根据《劳动法》规定，用人单位必须建立、健全劳动安全卫生制度，严格执行国家劳动安全卫生规程和标准，对劳动者进行劳动安全卫生教育，防止劳动过程中的事故，减少职业危害。

劳动安全卫生设施必须符合国家规定的标准。新建、改建、扩建工程的劳动安全卫生设施必须与主体工程同时设计、同时施工、同时投入生产和使用。用人单位必须为劳动者提供符合国家规定的劳动安全卫生条件和必要的劳动防护用品，对从事有职业危害作业的劳动者应当定期进行健康检查。

（4）生活条件。根据《建设工程安全生产管理条例》规定，施工单位应当将施工现场的办公、生活区与作业区分开设置，并保持安全距离；办公、生活区的选址应当符合安全性要求。职工的膳食、饮水、休息场所等应当符合卫生标准。施工单位不得在尚未竣工的建筑物内设置员工集体宿舍。

【条文】

6.3 环境保护

承包人应在施工组织设计中列明环境保护的具体措施。在合同履行期间，承包人应采取合理措施保护施工现场环境。对施工作业过程中可能引起的大气、水、噪音以及固体废物污染采取具体可行的防范措施。

承包人应当承担因其原因引起的环境污染侵权损害赔偿责任，因上述环境污染引起纠纷而导致暂停施工的，由此增加的费用和（或）延误的工期由承包人承担。

【条文注释】本条是关于环境保护的约定。《建筑法》第41条规定："建筑施工企业应当遵守有关环境保护和安全生产的法律、法规的规定，采取控制和处理施工现场的各种粉尘、废气、废水、固体废物以及噪声、振动对环境的污染和危害的措施"。

《建设工程安全生产管理条例》第 30 条进一步规定："施工单位对因建设工程施工可能造成损害的毗邻建筑物、构筑物和地下管线等，应当采取专项防护措施。施工单位应当遵守有关环境保护法律、法规的规定，在施工现场采取措施，防止或者减少粉尘、废气、废水、固体废物、噪声、振动和施工照明对人和环境的危害和污染。在城市市区内的建设工程，施工单位应当对施工现场实行封闭围挡"。

3.7 工 期 和 进 度

【条文】

7.1 施工组织设计

7.1.1 施工组织设计的内容

施工组织设计应包含以下内容：

（1）施工方案；

（2）施工现场平面布置图；

（3）施工进度计划和保证措施；

（4）劳动力及材料供应计划；

（5）施工机械设备的选用；

（6）质量保证体系及措施；

（7）安全生产、文明施工措施；

（8）环境保护、成本控制措施；

（9）合同当事人约定的其他内容。

7.1.2 施工组织设计的提交和修改

除专用合同条款另有约定外，承包人应在合同签订后 14 天内，但至迟不得晚于第 7.3.2 项〔开工通知〕载明的开工日期前 7 天，向监理人提交详细的施工组织设计，并由监理人报送发包人。除专用合同条款另有约定外，发包人和监理人应在监理人收到施工组织设计后 7 天内确认或提出修改意见。对发包人和监理人提出的合理意见和要求，承包人应自费修改完善。根据工程实际情况需要修改施工组织设计的，承包人应向发包人和监理人提交修改后的施工组织设计。

施工进度计划的编制和修改按照第 7.2 款〔施工进度计划〕执行。

【条文注释】本条约定了施工组织设计的内容和提交时间。施工组织设计是以施工项目为对象编制的，用以指导施工的技术、经济和管理的综合性文件。根据《建筑施工组织设计规范》规定，施工组织设计按编制对象，可分为施工组织总设计、单位工程施工组织设计和施工方案。建筑施工组织设计还可以按照编制阶段的不同，分为投标阶段施工组织设计和实施阶段施工组织设计。

承包人应当按照约定时间提交详尽的施工组织设计供监理人审核。《建设工程安全生产管理条例》第十四条规定："工程监理单位应当审查施工组织设计中的安全技术措施或者专项施工方案是否符合工程建设强制性标准"。

【条文】

7.2 施工进度计划

7.2.1 施工进度计划的编制

承包人应按照第7.1款〔施工组织设计〕约定提交详细的施工进度计划，施工进度计划的编制应当符合国家法律规定和一般工程实践惯例，施工进度计划经发包人批准后实施。施工进度计划是控制工程进度的依据，发包人和监理人有权按照施工进度计划检查工程进度情况。

7.2.2 施工进度计划的修订

施工进度计划不符合合同要求或与工程的实际进度不一致的，承包人应向监理人提交修订的施工进度计划，并附具有关措施和相关资料，由监理人报送发包人。除专用合同条款另有约定外，发包人和监理人应在收到修订的施工进度计划后7天内完成审核和批准或提出修改意见。发包人和监理人对承包人提交的施工进度计划的确认，不能减轻或免除承包人根据法律规定和合同约定应承担的任何责任或义务。

【条文注释】本条约定了施工进度计划的提交与修订。根据《建筑施工组织设计规范》规定，施工进度计划是"为实现项目设定的工期目标，对各项施工过程的施工顺序、起止时间和相互衔接关系所作的统筹策划和安排"。施工进度计划要保证拟建工程在规定的期限内完成，保证施工的连续性和均衡性，节约施工费用。编制施工进度计划需依据建筑工程施工的客观规律和施工条件，参考工期定额，综合考虑资金、材料、设备、劳动力等资源的投入。

【条文】

7.3 开工

7.3.1 开工准备

除专用合同条款另有约定外，承包人应按照第7.1款〔施工组织设计〕约定的期限，向监理人提交工程开工报审表，经监理人报发包人批准后执行。开工报审表应详细说明按施工进度计划正常施工所需的施工道路、临时设施、材料、工程设备、施工设备、施工人员等落实情况以及工程的进度安排。

除专用合同条款另有约定外，合同当事人应按约定完成开工准备工作。

7.3.2 开工通知

发包人应按照法律规定获得工程施工所需的许可。经发包人同意后，监理人发出的开工通知应符合法律规定。监理人应在计划开工日期7天前向承包人发出开工通知，工期自开工通知中载明的开工日期起算。

除专用合同条款另有约定外，因发包人原因造成监理人未能在计划开工日期之日起90天内发出开工通知的，承包人有权提出价格调整要求，或者解除合同。发包人应当承担由此增加的费用和（或）延误的工期，并向承包人支付合理利润。

【条文注释】本条约定了开工准备和开工通知。

（1）开工准备。根据《建设工程监理规范》规定，总监理工程师应组织专业监理工程师审查施工单位报送的工程开工报审表及相关资料；同时具备下列条件时，应由总监理工程师签署审核意见，并应报建设单位批准后，总监理工程师签发工程开工令：1）设计交底和图纸会审已完成；2）施工组织设计已由总监理工程师签认；3）施工单位现场质量、安全生产管理体系已建立，管理及施工人员已到位，施工机械具备使用条件，主要工程材料已落实；4）进场道路及水、电、通信等已满足开工要求。

（2）开工通知。本条规定："发包人应按照法律规定获得工程施工所需的许可"。在我国此类许可包括施工许可和开工报告两种形式。《建筑法》第七条规定："建筑工程开工前，建设单位应当按照国家有关规定向工程所在地县级以上人民政府建设行政主管部门申请领取施工许可证；但是，国务院建设行政主管部门确定的限额以下的小型工程除外。按照国务院规定的权限和程序批准开工报告的建筑工程，不再领取施工许可证"。

【条文】

7.4　测量放线

7.4.1　除专用合同条款另有约定外，发包人应在至迟不得晚于第7.3.2项〔开工通知〕载明的开工日期前7天通过监理人向承包人提供测量基准点、基准线和水准点及其书面资料。发包人应对其提供的测量基准点、基准线和水准点及其书面资料的真实性、准确性和完整性负责。

承包人发现发包人提供的测量基准点、基准线和水准点及其书面资料存在错误或疏漏的，应及时通知监理人。监理人应及时报告发包人，并会同发包人和承包人予以核实。发包人应就如何处理和是否继续施工做出决定，并通知监理人和承包人。

7.4.2　承包人负责施工过程中的全部施工测量放线工作，并配置具有相应资质的人员、合格的仪器、设备和其他物品。承包人应矫正工程的位置、标高、尺寸或准线中出现的任何差错，并对工程各部分的定位负责。

施工过程中对施工现场内水准点等测量标志物的保护工作由承包人负责。

【条文注释】本条是关于施工测量放线的数据提供、使用和责任的约定。《建设工程质量管理条例》第九条规定："建设单位必须向有关的勘察、设计、施工、工程监理等单位提供与建设工程有关的原始资料。原始资料必须真实、准确、齐全"。据此，本合同条款约定发包人应对其提供的测量基准点、基准线和水准点及其书面资料的真实性、准确性和完整性负责。

承包人负责施工过程中的全部施工测量放线工作，并对工程各部分的定位负责。

【条文】

7.5　工期延误

7.5.1　因发包人原因导致工期延误

在合同履行过程中，因下列情况导致工期延误和（或）费用增加的，由发包人承担由此延误的工期和（或）增加的费用，且发包人应支付承包人合理的利润：

（1）发包人未能按合同约定提供图纸或所提供图纸不符合合同约定的；

（2）发包人未能按合同约定提供施工现场、施工条件、基础资料、许可、批准等开工条件的；

（3）发包人提供的测量基准点、基准线和水准点及其书面资料存在错误或疏漏的；

（4）发包人未能在计划开工日期之日起 7 天内同意下达开工通知的；

（5）发包人未能按合同约定日期支付工程预付款、进度款或竣工结算款的；

（6）监理人未按合同约定发出指示、批准等文件的；

（7）专用合同条款中约定的其他情形。

因发包人原因未按计划开工日期开工的，发包人应按实际开工日期顺延竣工日期，确保实际工期不低于合同约定的工期总日历天数。因发包人原因导致工期延误需要修订施工进度计划的，按照第 7.2.2 项〔施工进度计划的修订〕执行。

7.5.2 因承包人原因导致工期延误

因承包人原因造成工期延误的，可以在专用合同条款中约定逾期竣工违约金的计算方法和逾期竣工违约金的上限。承包人支付逾期竣工违约金后，不免除承包人继续完成工程及修补缺陷的义务。

【条文注释】本条约定了工期延误的原因和归责原则。根据工期延误的原因，可以分为发包人原因导致的工期延误、承包人原因导致的工期延误和第三方原因导致的工期延误。

（1）发包人原因导致的工期延误。本条款采用列举方式，说明了发包人原因导致工期延误的情形，而且合同当事人可以在合同专用条款中予以补充。需要注意的是，发包人原因导致工期延误时，承包人不但可以获得费用补偿，还可以获得合理的利润。

（2）承包人原因导致的工期延误。应该向发包人支付逾期竣工违约金，需要注意的是，双方应该在专用合同条款中约定逾期竣工违约金的计算方法和逾期竣工违约金的上限。

【裁判观点】

《第八次全国法院民事商事审判工作会议（民事部分）纪要》第 32 条规定："因发包人未按照约定提供原材料、设备、场地、资金、技术资料的，隐蔽工程在隐蔽之前，承包人已通知发包人检查，发包人未及时检查等原因致使工程中途停、缓建，发包人应当赔偿因此给承包人造成的停（窝）工损失，包括停（窝）工人员人工费、机械设备窝工费和因窝工造成设备租赁费用等停（窝）工损失。"第 33 条规定："发包人不履行告知变更后的施工方案、施工技术交底、完善施工条件等协作义务，致使承包人停（窝）工，以至难以完成工程项目建设的，承包人催告在合理期限内履行，发包人逾期仍不履行的，人民法院视违约情节，可以依据合同法第二百五十九条、第二百八十三条规定裁判顺延工期，并有权要求赔偿停（窝）工损失。"

【条文注释】

7.6 不利物质条件

不利物质条件是指有经验的承包人在施工现场遇到的不可预见的自然物质条件、非自然的物质障碍和污染物，包括地表以下物质条件和水文条件以及专用合同条款约定的其他情形，但不包括气候条件。

承包人遇到不利物质条件时，应采取克服不利物质条件的合理措施继续施工，并及时通知发包人和监理人。通知应载明不利物质条件的内容以及承包人认为不可预见的理由。监理人经发包人同意后应当及时发出指示，指示构成变更的，按第 10 条〔变更〕约定执行。承包人因采取合理措施而增加的费用和（或）延误的工期由发包人承担。

【条文注释】 本条是关于承包人遇到不利物质条件时的通知及处理。FIDIC 合同条件采用了"不可预见的物质条件"的约定。

由于承包人在投标阶段已经对施工现场进行了查勘。因此应用本条款非常重要的条件在于承包人要向发包人和监理人证明该不利物质条件是"不可预见"的。需注意本合同条件 3.4〔承包人现场查勘〕的约定，"承包人应对施工现场和施工条件进行查勘，并充分了解工程所在地的气象条件、交通条件、风俗习惯以及其他与完成合同工作有关的其他资料。因承包人未能充分查勘、了解前述情况或未能充分估计前述情况所可能产生后果的，承包人承担由此增加的费用和（或）延误的工期"。

同时，监理人经发包人同意后发出指示确认不利物质条件的，承包人仅能获得因采取合理措施而增加的费用补偿，不包括合理利润。

【条文】

7.7 异常恶劣的气候条件

异常恶劣的气候条件是指在施工过程中遇到的，有经验的承包人在签订合同时不可预见的，对合同履行造成实质性影响的，但尚未构成不可抗力事件的恶劣气候条件。合同当事人可以在专用合同条款中约定异常恶劣的气候条件的具体情形。

承包人应采取克服异常恶劣的气候条件的合理措施继续施工，并及时通知发包人和监理人。监理人经发包人同意后应当及时发出指示，指示构成变更的，按第 10 条〔变更〕约定办理。承包人因采取合理措施而增加的费用和（或）延误的工期由发包人承担。

【条文注释】 本条约定了承包人遇见异常恶劣气候条件的通知和处理。应用本条需注意双方应该在专用条款中明确异常恶劣的气候条件的客观标准，防止当事人对于是否适用本条产生争议。

同时，监理人经发包人同意后发出指示确认异常恶劣气候条件的，承包人仅能获得因采取合理措施而增加的费用补偿，不包括合理利润。

【条文】

7.8 暂停施工

7.8.1 发包人原因引起的暂停施工

因发包人原因引起暂停施工的，监理人经发包人同意后，应及时下达暂停施工指示。情况紧急且监理人未及时下达暂停施工指示的，按照第 7.8.4 项〔紧急情况下的暂停施工〕执行。

因发包人原因引起的暂停施工，发包人应承担由此增加的费用和（或）延误的工期，并支付承包人合理的利润。

7.8.2 承包人原因引起的暂停施工

因承包人原因引起的暂停施工，承包人应承担由此增加的费用和（或）延误的工期，且承包人在收到监理人复工指示后84天内仍未复工的，视为第16.2.1项〔承包人违约的情形〕第（7）目约定的承包人无法继续履行合同的情形。

7.8.3 指示暂停施工

监理人认为有必要时，并经发包人批准后，可向承包人做出暂停施工的指示，承包人应按监理人指示暂停施工。

7.8.4 紧急情况下的暂停施工

因紧急情况需暂停施工，且监理人未及时下达暂停施工指示的，承包人可先暂停施工，并及时通知监理人。监理人应在接到通知后24小时内发出指示，逾期未发出指示，视为同意承包人暂停施工。监理人不同意承包人暂停施工的，应说明理由，承包人对监理人的答复有异议，按照第20条〔争议解决〕约定处理。

7.8.5 暂停施工后的复工

暂停施工后，发包人和承包人应采取有效措施积极消除暂停施工的影响。在工程复工前，监理人会同发包人和承包人确定因暂停施工造成的损失，并确定工程复工条件。当工程具备复工条件时，监理人应经发包人批准后向承包人发出复工通知，承包人应按照复工通知要求复工。

承包人无故拖延和拒绝复工的，承包人承担由此增加的费用和（或）延误的工期；因发包人原因无法按时复工的，按照第7.5.1项〔因发包人原因导致工期延误〕约定办理。

7.8.6 暂停施工持续56天以上

监理人发出暂停施工指示后56天内未向承包人发出复工通知，除该项停工属于第7.8.2项〔承包人原因引起的暂停施工〕及第17条〔不可抗力〕约定的情形外，承包人可向发包人提交书面通知，要求发包人在收到书面通知后28天内准许已暂停施工的部分或全部工程继续施工。发包人逾期不予批准的，则承包人可以通知发包人，将工程受影响的部分视为按第10.1款〔变更的范围〕第（2）项的可取消工作。

暂停施工持续84天以上不复工的，且不属于第7.8.2项〔承包人原因引起的暂停施工〕及第17条〔不可抗力〕约定的情形，并影响到整个工程以及合同目的实现的，承包人有权提出价格调整要求，或者解除合同。解除合同的，按照第16.1.3项〔因发包人违约解除合同〕执行。

7.8.7 暂停施工期间的工程照管

暂停施工期间，承包人应负责妥善照管工程并提供安全保障，由此增加的费用由责任方承担。

7.8.8 暂停施工的措施

暂停施工期间，发包人和承包人均应采取必要的措施确保工程质量及安全，防止因暂停施工扩大损失。

【条文注释】本条约定了暂停施工的原因及处理。

（1）暂停施工的原因。根据本条工程暂停的原因包括发包人要求暂停、承包人原因导致暂停、监理人认为需要暂停和承包人基于紧急情况暂停四种情形。

（2）暂停施工后的处理。暂停施工后，发包人和承包人应采取有效措施积极消除暂停施工的影响。非因承包人的原因导致工程暂停超过 56 天时，承包人可以采取的措施包括：1）要求复工；2）将受影响的暂停部分作为删除工作；3）解除合同。

【条文】

7.9 提前竣工

7.9.1 发包人要求承包人提前竣工的，发包人应通过监理人向承包人下达提前竣工指示，承包人应向发包人和监理人提交提前竣工建议书，提前竣工建议书应包括实施的方案、缩短的时间、增加的合同价格等内容。发包人接受该提前竣工建议书的，监理人应与发包人和承包人协商采取加快工程进度的措施，并修订施工进度计划，由此增加的费用由发包人承担。承包人认为提前竣工指示无法执行的，应向监理人和发包人提出书面异议，发包人和监理人应在收到异议后 7 天内予以答复。任何情况下，发包人不得压缩合理工期。

7.9.2 发包人要求承包人提前竣工，或承包人提出提前竣工的建议能够给发包人带来效益的，合同当事人可以在专用合同条款中约定提前竣工的奖励。

【条文注释】本条是关于发包人要求承包人提前竣工的处理约定。发包人基于客观需要要求承包人提前竣工，必然导致承包人施工组织设计和生产要素投入的增加。但是，工期提前应该是建立在客观可行的前提下，本条约定任何情况下，发包人不得压缩合理工期。《建设工程质量管理条例》第十条规定："建设工程发包单位不得迫使承包方以低于成本的价格竞标，不得任意压缩合理工期。建设单位不得明示或者暗示设计单位或者施工单位违反工程建设强制性标准，降低建设工程质量"。

【裁判观点】

（1）《第八次全国法院民事商事审判工作会议（民事部分）纪要》第 30 条规定："要依法维护通过招投标所签订的中标合同的法律效力。当事人违反工程建设强制性标准，任意压缩合理工期、降低工程质量标准的约定，应认定无效。对于约定无效后的工程价款结算，应依据建设工程施工合同司法解释的相关规定处理"。

（2）最高人民法院裁判观点：建设工程施工合同无效，实际施工人请求发包方参照该建设工程施工合同中的工程进度奖励金约定支付工程进度奖励金的，人民法院不予支持。[1]

（3）最高人民法院裁判观点：《最高人民法院关于审理建设工程施工合同纠纷案件适用法律问题的解释》第 4 条规定对"非法转包"等无效行为取得的"非法所得"规定"可以"进行收缴，目的在于平衡当事人之间的利益关系，及时制裁违法行为，进一步规范建

---

[1] 最高人民法院民事审判第一庭编：《民事审判指导与参考》总第 43 辑（2010）年【指导性案例】，仲伟珩著《实际施工人请求支付无效建设工程施工合国约定的工程进度奖励金的，人民法院不予支持》，法律出版社，第 137～150 页。

筑市场，保证建筑工程质量，进而保证人民生命、财产安全。对建设工程施工合同中的民事违法行为是否惩罚应根据案件实际情况及当事人违法情节而定，不能因为适用惩罚措施而导致当事人利益严重失衡。❶

在对于管理费应予以返还的具体案件中，按照何种标准返还，根据案件的不同情况而有所区别：在四川路航建设工程有限责任公司与谢红、谢剑标建设工程施工合同纠纷案中，最高人民院认为，双方约定的路航公司按工程造价的 5.5% 比例向谢剑标收取管理费，系路航公司为履行合同所发生的必需的开支，属于工程价款的一部分，即使合同无效，双方亦应根据合同履行情况按实进行结算。❷ 在中太建设集团股份有限公司与余松坚、黄泽喜建设工程分包合同纠纷案中，最高人民法院认为，合同当事人对合同无效均有过错。因此，合同被认定为无效后，如何分配此笔费用属自由裁量权调整范畴，应根据案件实际情况决定各半分配。❸

3.8 材料与设备

【条文】

8.1 发包人供应材料与工程设备

发包人自行供应材料、工程设备的，应在签订合同时在专用合同条款的附件《发包人供应材料设备一览表》中明确材料、工程设备的品种、规格、型号、数量、单价、质量等级和送达地点。

承包人应提前 30 天通过监理人以书面形式通知发包人供应材料与工程设备进场。承包人按照第 7.2.2 项〔施工进度计划的修订〕约定修订施工进度计划时，需同时提交经修订后的发包人供应材料与工程设备的进场计划。

【条文注释】本条是关于发包人供应材料设备的约定。从材料与工程设备的供应主体来看，主要可以分为发包人供应和承包人自行采购两种方式。合同工程部分材料和工程设备由发包人供应的，应该在合同中约定供应材料设备的品种、价格、结算方式、到货时间、检验与报关费用等。

【裁判观点】

最高人民法院裁判观点：发包人提供的设计有缺陷，提供或指定购买的建筑材料、建筑构配件、设备不符合强制性标准或直接指定分包人分包专业工程的，应承担责任。承包人有过错的，亦应承担相应的过错责任。在审判实际中承包人是否具有过错可以从以下几方面来确定：

（1）承包人明知建设单位提供的工程设计有问题或者在建设施工中发现设计文件和图

---

❶ 最高人民法院［2014］民抗字第 10 号民事判决书。

❷ 最高人民法院［2014］民申字第 1078 号民事裁定书。

❸ 最高人民法院［2014］民申字第 861 号民事裁定书。

纸有差错，而没有及时提出意见和建议，并继续进行施工的；

（2）对建设单位提供的建筑材料、建筑构配件、设备和商品混凝土等未进行检验，或进行检验不合格仍予以使用的；

（3）对建设单位提出的违反法律、行政法规和建筑工程质量、安全标准，降低工程质量的要求，承包人不予拒绝，而进行施工的。❶

【条文】

8.2　承包人采购材料与工程设备

承包人负责采购材料、工程设备的，应按照设计和有关标准要求采购，并提供产品合格证明及出厂证明，对材料、工程设备质量负责。合同约定由承包人采购的材料、工程设备，发包人不得指定生产厂家或供应商，发包人违反本款约定指定生产厂家或供应商的，承包人有权拒绝，并由发包人承担相应责任。

【条文注释】本条是关于承包人自行采购材料设备的约定。在建设工程实践中，材料的供应方式常见的有甲供、甲控、甲限等，我们认为，甲供的方式不违反现行法律规定，而甲控或甲限只要其实质上违反了《建筑法》第二十五条"按照合同约定，建筑材料、建筑构配件和设备由工程承包单位采购的，发包单位不得指定承包单位购入用于工程的建筑材料、建筑构配件和设备或者指定生产厂、供应商"的规定，即是违法。

【条文】

8.3　材料与工程设备的接收与拒收

8.3.1　发包人应按《发包人供应材料设备一览表》约定的内容提供材料和工程设备，并向承包人提供产品合格证明及出厂证明，对其质量负责。发包人应提前24小时以书面形式通知承包人、监理人材料和工程设备到货的时间，承包人负责材料和工程设备的清点、检验和接收。

发包人提供的材料和工程设备的规格、数量或质量不符合合同约定的，或因发包人原因导致交货日期延误或交货地点变更等情况的，按照第16.1款〔发包人违约〕约定办理。

8.3.2　承包人采购的材料和工程设备，应保证产品质量合格，承包人应在材料和工程设备到货前24小时通知监理人检验。承包人进行永久设备、材料的制造和生产的，应符合相关质量标准，并向监理人提交材料的样本以及有关资料，并应在使用该材料或工程设备之前获得监理人同意。

承包人采购的材料和工程设备不符合设计或有关标准要求时，承包人应在监理人要求的合理期限内将不符合设计或有关标准要求的材料、工程设备运出施工现场，并重新采购符合要求的材料、工程设备，由此增加的费用和（或）延误的工期，由承包人承担。

【条文注释】本条约定了材料与工程设备的接收与拒收。

（1）发包人供应材料与工程设备。发包人应按《发包人供应材料设备一览表》约定的

---

❶　最高人民法院民事审判第一庭编：《民事审判指导与参考》总第20辑（2004）年【建设工程施工合同专题研究】，孙延平著《发包人对工程质量缺陷有过错的应承担民事责任》，法律出版社，第50～61页。

内容提供材料和工程设备，承包人负责材料和工程设备的清点、检验和接收。但是需要注意的是，本合同范本关于材料设备清点接收的主体与发改委版《标准施工招标文件》中通用条款的约定有所不同。该通用条款5.2.3约定，发包人应在材料和工程设备到货7天前通知承包人，承包人应会同监理人在约定的时间内，赴交货地点共同进行验收。

（2）承包人采购材料与工程设备。承包人采购的材料和工程设备，应保证产品质量合格。承包人采购的材料和工程设备不符合设计或有关标准要求时，承包人应在监理人要求的合理期限内将不符合设计或有关标准要求的材料、工程设备运出施工现场。

【条文】

8.4　材料与工程设备的保管与使用

8.4.1　发包人供应材料与工程设备的保管与使用

发包人供应的材料和工程设备，承包人清点后由承包人妥善保管，保管费用由发包人承担，但已标价工程量清单或预算书已经列支或专用合同条款另有约定的除外。因承包人原因发生丢失毁损的，由承包人负责赔偿；监理人未通知承包人清点的，承包人不负责材料和工程设备的保管，由此导致丢失毁损的由发包人负责。

发包人供应的材料和工程设备使用前，由承包人负责检验，检验费用由发包人承担，不合格的不得使用。

8.4.2　承包人采购材料与工程设备的保管与使用

承包人采购的材料和工程设备由承包人妥善保管，保管费用由承包人承担。法律规定材料和工程设备使用前必须进行检验或试验的，承包人应按监理人的要求进行检验或试验，检验或试验费用由承包人承担，不合格的不得使用。

发包人或监理人发现承包人使用不符合设计或有关标准要求的材料和工程设备时，有权要求承包人进行修复、拆除或重新采购，由此增加的费用和（或）延误的工期，由承包人承担。

【条文注释】本条约定了材料与工程设备保管、检验费用的承担。

（1）发包人供应的材料和工程设备，承包人清点后由承包人妥善保管，保管费用由发包人承担。使用前由承包人负责检验，检验费用由发包人承担。

（2）承包人采购的材料和工程设备由承包人妥善保管，保管费用由承包人承担。检验或试验费用由承包人承担。

【条文】

8.5　禁止使用不合格的材料和工程设备

8.5.1　监理人有权拒绝承包人提供的不合格材料或工程设备，并要求承包人立即进行更换。监理人应在更换后再次进行检查和检验，由此增加的费用和（或）延误的工期由承包人承担。

8.5.2　监理人发现承包人使用了不合格的材料和工程设备，承包人应按照监理人的指示立即改正，并禁止在工程中继续使用不合格的材料和工程设备。

8.5.3　发包人提供的材料或工程设备不符合合同要求的，承包人有权拒绝，并可要求发包人更换，由此增加的费用和（或）延误的工期由发包人承担，并支付承包人合理的利润。

【条文注释】本条约定了各方均不得使用不合格材料和工程设备。

（1）《建设工程质量管理条例》第14条规定："按照合同约定，由建设单位采购建筑材料、建筑构配件和设备的，建设单位应当保证建筑材料、建筑构配件和设备符合设计文件和合同要求。建设单位不得明示或者暗示施工单位使用不合格的建筑材料、建筑构配件和设备"。

（2）《建设工程质量管理条例》第29条规定："施工单位必须按照工程设计要求、施工技术标准和合同约定，对建筑材料、建筑构配件、设备和商品混凝土进行检验，检验应当有书面记录和专人签字；未经检验或者检验不合格的，不得使用"。

【条文】

8.6 样品

8.6.1 样品的报送与封存

需要承包人报送样品的材料或工程设备，样品的种类、名称、规格、数量等要求均应在专用合同条款中约定。样品的报送程序如下：

（1）承包人应在计划采购前28天向监理人报送样品。承包人报送的样品均应来自供应材料的实际生产地，且提供的样品的规格、数量足以表明材料或工程设备的质量、型号、颜色、表面处理、质地、误差和其他要求的特征。

（2）承包人每次报送样品时应随附申报单，申报单应载明报送样品的相关数据和资料，并标明每件样品对应的图纸号，预留监理人批复意见栏。监理人应在收到承包人报送的样品后7天向向承包人回复经发包人签认的样品审批意见。

（3）经发包人和监理人审批确认的样品应按约定的方法封样，封存的样品作为检验工程相关部分的标准之一。承包人在施工过程中不得使用与样品不符的材料或工程设备。

（4）发包人和监理人对样品的审批确认仅为确认相关材料或工程设备的特征或用途，不得被理解为对合同的修改或改变，也并不减轻或免除承包人任何的责任和义务。如果封存的样品修改或改变了合同约定，合同当事人应当以书面协议予以确认。

8.6.2 样品的保管

经批准的样品应由监理人负责封存于现场，承包人应在现场为保存样品提供适当和固定的场所并保持适当和良好的存储环境条件。

【条文注释】本条是对建设工程施工过程中材料或设备样品的规定。

《合同法》第169条是对样品买卖的规定，凭样品买卖的当事人应当封存样品，并可以对样品质量予以说明。出卖人交付的标的物应当与样品及其说明的质量相同。

凭样品买卖的买受人不知道样品有隐蔽瑕疵的，即使交付的标的物与样品相同，出卖人交付的标的物的质量仍然应当符合同种物的通常标准。

【条文】

8.7 材料与工程设备的替代

8.7.1 出现下列情况需要使用替代材料和工程设备的，承包人应按照第 8.7.2 项约定的程序执行：

（1）基准日期后生效的法律规定禁止使用的；

（2）发包人要求使用替代品的；

（3）因其他原因必须使用替代品的。

8.7.2 承包人应在使用替代材料和工程设备 28 天前书面通知监理人，并附下列文件：

（1）被替代的材料和工程设备的名称、数量、规格、型号、品牌、性能、价格及其他相关资料；

（2）替代品的名称、数量、规格、型号、品牌、性能、价格及其他相关资料；

（3）替代品与被替代产品之间的差异以及使用替代品可能对工程产生的影响；

（4）替代品与被替代产品的价格差异；

（5）使用替代品的理由和原因说明；

（6）监理人要求的其他文件。

监理人应在收到通知后 14 天内向承包人发出经发包人签认的书面指示；监理人逾期发出书面指示的，视为发包人和监理人同意使用替代品。

8.7.3 发包人认可使用替代材料和工程设备的，替代材料和工程设备的价格，按照已标价工程量清单或预算书相同项目的价格认定；无相同项目的，参考相似项目价格认定；既无相同项目也无相似项目的，按照合理的成本与利润构成的原则，由合同当事人按照第 4.4 款〔商定或确定〕确定价格。

【条文注释】本条约定了使用替代材料和工程设备的程序和估价。

（1）使用替代材料和工程设备的程序。根据本条约定，使用替代材料和工程设备的原因主要是基于发包人的要求或者法律的禁止。工程实践中需要使用替代材料和工程设备的，发包人应当会同设计单位进行设计变更后方可实施。

（2）使用替代材料和工程设备的估价。其估价原则与本合同条款关于变更工作的估价原则是一致的。

【条文】

8.8 施工设备和临时设施

8.8.1 承包人提供的施工设备和临时设施

承包人应按合同进度计划的要求，及时配置施工设备和修建临时设施。进入施工场地的承包人设备需经监理人核查后才能投入使用。承包人更换合同约定的承包人设备的，应报监理人批准。

除专用合同条款另有约定外，承包人应自行承担修建临时设施的费用，需要临时占地的，应由发包人办理申请手续并承担相应费用。

8.8.2 发包人提供的施工设备和临时设施

发包人提供的施工设备或临时设施在专用合同条款中约定。

8.8.3　要求承包人增加或更换施工设备

承包人使用的施工设备不能满足合同进度计划和（或）质量要求时，监理人有权要求承包人增加或更换施工设备，承包人应及时增加或更换，由此增加的费用和（或）延误的工期由承包人承担。

【条文注释】本条是关于施工设备和临时设施的约定。《建设工程安全生产管理条例》第35条规定："施工单位在使用施工起重机械和整体提升脚手架、模板等自升式架设设施前，应当组织有关单位进行验收，也可以委托具有相应资质的检验检测机构进行验收；使用承租的机械设备和施工机具及配件的，由施工总承包单位、分包单位、出租单位和安装单位共同进行验收。验收合格的方可使用"。

根据《特种设备安全监察条例》规定，起重机械投入使用前，使用单位应当核对其是否附有安全技术规范要求的设计文件、产品质量合格证明、安装及使用维修说明、监督检验证明等文件。在投入使用前或者投入使用后30日内，使用单位应当向直辖市或者设区的市的特种设备安全监督管理部门登记。登记标志应当置于或者附着于该设备的显著位置。

【条文】

8.9　材料与设备专用要求

承包人运入施工现场的材料、工程设备、施工设备以及在施工场地建设的临时设施，包括备品备件、安装工具与资料，必须专用于工程。未经发包人批准，承包人不得运出施工现场或挪作他用；经发包人批准，承包人可以根据施工进度计划撤走闲置的施工设备和其他物品。

【条文注释】本条约定了进场材料和设备的专用性。承包人作为专业的施工企业往往同时承揽多项建设项目，为保证合同工程的工期和质量，本合同约定承包人运入施工现场的材料、工程设备、施工设备以及在施工场地建设的临时设施，包括备品备件、安装工具与资料，必须专用于工程。

3.9　试 验 与 检 验

【条文】

9.1　试验设备与试验人员

9.1.1　承包人根据合同约定或监理人指示进行的现场材料试验，应由承包人提供试验场所、试验人员、试验设备以及其他必要的试验条件。监理人在必要时可以使用承包人提供的试验场所、试验设备以及其他试验条件，进行以工程质量检查为目的的材料复核试验，承包人应予以协助。

9.1.2　承包人应按专用合同条款的约定提供试验设备、取样装置、试验场所和试验条件，并向监理人提交相应进场计划表。

承包人配置的试验设备要符合相应试验规程的要求并经过具有资质的检测单位检测，

且在正式使用该试验设备前，需要经过监理人与承包人共同校定。

9.1.3 承包人应向监理人提交试验人员的名单及其岗位、资格等证明资料，试验人员必须能够熟练进行相应的检测试验，承包人对试验人员的试验程序和试验结果的正确性负责。

【条文注释】《建设工程质量管理条例》第29条规定："施工单位必须按照工程设计要求、施工技术标准和合同约定，对建筑材料、建筑构配件、设备和商品混凝土进行检验，检验应当有书面记录和专人签字；未经检验或者检验不合格的，不得使用"。

承包人应该具有从事现场材料试验的人员、场所、设备等条件。具备条件的施工企业可以建立试验室。建筑施工企业试验室是企业内部质量保证体系的组成部分，应当严格遵守执行工程建设强制性标准，按照工程设计要求和相关技术标准进行试验。

【条文】

9.2 取样

试验属于自检性质的，承包人可以单独取样。试验属于监理人抽检性质的，可由监理人取样，也可由承包人的试验人员在监理人的监督下取样。

【条文注释】《建设工程质量管理条例》第31条规定："施工人员对涉及结构安全的试块、试件以及有关材料，应当在建设单位或者工程监理单位监督下现场取样，并送具有相应资质等级的质量检测单位进行检测。"

【条文】

9.3 材料、工程设备和工程的试验和检验

9.3.1 承包人应按合同约定进行材料、工程设备和工程的试验和检验，并为监理人对上述材料、工程设备和工程的质量检查提供必要的试验资料和原始记录。按合同约定应由监理人与承包人共同进行试验和检验的，由承包人负责提供必要的试验资料和原始记录。

9.3.2 试验属于自检性质的，承包人可以单独进行试验。试验属于监理人抽检性质的，监理人可以单独进行试验，也可由承包人与监理人共同进行。承包人对由监理人单独进行的试验结果有异议的，可以申请重新共同进行试验。约定共同进行试验的，监理人未按照约定参加试验的，承包人可自行试验，并将试验结果报送监理人，监理人应承认该试验结果。

9.3.3 监理人对承包人的试验和检验结果有异议的，或为查清承包人试验和检验成果的可靠性要求承包人重新试验和检验的，可由监理人与承包人共同进行。重新试验和检验的结果证明该项材料、工程设备或工程的质量不符合合同要求的，由此增加的费用和（或）延误的工期由承包人承担；重新试验和检验结果证明该项材料、工程设备和工程符合合同要求的，由此增加的费用和（或）延误的工期由发包人承担。

【条文注释】本条规定了材料、工程设备和工程的试验和检验的程序和责任。

（1）根据《建设工程质量管理条例》规定，施工单位必须按照工程设计要求、施工技术标准和合同约定，对建筑材料、建筑构配件、设备和商品混凝土进行检验，检验应当有

书面记录和专人签字；未经检验或者检验不合格的，不得使用。施工单位必须建立、健全施工质量的检验制度，严格工序管理。

（2）根据合同的相对性原则，监理人无权减轻或免除合同约定的承包人的任何责任与义务。因此无论监理人是否参与了试验，都不能免除承包人对质量不合格材料、工程设备或工程的责任。重新试验和检验的结果证明该项材料、工程设备或工程的质量不符合合同要求的，由此增加的费用和（或）延误的工期由承包人承担。

【条文】

9.4 现场工艺试验

承包人应按合同约定或监理人指示进行现场工艺试验。对大型的现场工艺试验，监理人认为必要时，承包人应根据监理人提出的工艺试验要求，编制工艺试验措施计划，报送监理人审查。

【条文注释】在建设工程领域，工艺试验是为考查工艺方法、工艺参数的可行性或材料的可加工性等而进行的试验。

3.10 变　　更

【条文】

10.1 变更的范围

除专用合同条款另有约定外，合同履行过程中发生以下情形的，应按照本条约定进行变更：

（1）增加或减少合同中任何工作，或追加额外的工作；

（2）取消合同中任何工作，但转由他人实施的工作除外；

（3）改变合同中任何工作的质量标准或其他特性；

（4）改变工程的基线、标高、位置和尺寸；

（5）改变工程的时间安排或实施顺序。

【条文注释】本条约定了变更的范围。

（1）FIDIC《施工合同条件》13.1款［变更权］约定，每项变更可包括：

①改变合同中所包括的任何工作的数量（但此类改变并不一定构成变更）；②改变任何工作的质量或特性；③改变工程任何部分的标高、基线、位置和尺寸；④删减任何工作，但要交他人实施的工作除外；⑤任何永久工程需要的附加工作、工程设备、材料或服务；⑥实施工程的顺序或时间安排的改变。

（2）《标准施工招标文件》中合同通用条款15.1［变更的范围和内容］

除专用合同条款另有约定外，在履行合同中发生以下情形之一，应按照本条规定进行变更。

①取消合同中任何一项工作，但被取消的工作不能转由发包人或其他人实施；②改变合同中任何一项工作的质量或其他特性；③改变合同工程的基线、标高、位置或尺寸；④

改变合同中任何一项工作的施工时间或改变已批准的施工工艺或顺序；⑤为完成工程需要追加的额外工作。

（3）对比以上3个版本合同条件，可以看出本合同约定与FIDIC施工合同条件的约定是一致的。《标准施工招标文件》未将"增加或减少工作数量"作为需要指示变更的工作，但是实际施工中，工程量清单中估算的工程量与实际发生工程量的变化超过约定幅度时，应该按照变更程序进行估价。

【条文】

10.2　变更权

发包人和监理人均可以提出变更。变更指示均通过监理人发出，监理人发出变更指示前应征得发包人同意。承包人收到经发包人签认的变更指示后，方可实施变更。未经许可，承包人不得擅自对工程的任何部分进行变更。

涉及设计变更的，应由设计人提供变更后的图纸和说明。如变更超过原设计标准或批准的建设规模时，发包人应及时办理规划、设计变更等审批手续。

【条文注释】本条约定了变更权。无论是发包人主动实施变更，还是采纳了监理人或承包人的建议而进行的变更，变更指示均通过监理人发出。承包人不得擅自变更工程。《建筑法》第28条规定："施工单位必须按照工程设计图纸和施工技术标准施工，不得擅自修改工程设计，不得偷工减料"。

变更超过原设计标准或批准的建设规模时，发包人应及时办理规划、设计变更等审批手续。《城乡规划法》第43条规定："建设单位应当按照规划条件进行建设；确需变更的，必须向城市、县人民政府城乡规划主管部门提出申请。变更内容不符合控制性详细规划的，城乡规划主管部门不得批准。城市、县人民政府城乡规划主管部门应当及时将依法变更后的规划条件通报同级土地主管部门并公示。建设单位应当及时将依法变更后的规划条件报有关人民政府土地主管部门备案"。

【条文】

10.3　变更程序

10.3.1　发包人提出变更

发包人提出变更的，应通过监理人向承包人发出变更指示，变更指示应说明计划变更的工程范围和变更的内容。

10.3.2　监理人提出变更建议

监理人提出变更建议的，需要向发包人以书面形式提出变更计划，说明计划变更工程范围和变更的内容、理由，以及实施该变更对合同价格和工期的影响。发包人同意变更的，由监理人向承包人发出变更指示。发包人不同意变更的，监理人无权擅自发出变更指示。

10.3.3　变更执行

承包人收到监理人下达的变更指示后，认为不能执行，应立即提出不能执行该变更指示的理由。承包人认为可以执行变更的，应当书面说明实施该变更指示对合同价格和工期的影响，且合同当事人应当按照第 10.4 款〔变更估价〕约定确定变更估价。

【条文注释】本条约定了变更的程序。依据本条，变更可由发包人主动提出或由监理人提出。鉴于监理人无权改变合同，因此本条约定了"发包人不同意变更的，监理人无权擅自发出变更指示"。

承包人对于监理人的变更指示，认为不能执行的，有权说明理由。但是本条没有说明在承包人说明变更指示不能执行后，发包人或监理人是否有权要求执行或者另行委托他人执行。

【条文】

10.4　变更估价

10.4.1　变更估价原则

除专用合同条款另有约定外，变更估价按照本款约定处理：

(1) 已标价工程量清单或预算书有相同项目的，按照相同项目单价认定；

(2) 已标价工程量清单或预算书中无相同项目，但有类似项目的，参照类似项目的单价认定；

(3) 变更导致实际完成的变更工程量与已标价工程量清单或预算书中列明的该项目工程量的变化幅度超过 15% 的，或已标价工程量清单或预算书中无相同项目及类似项目单价的，按照合理的成本与利润构成的原则，由合同当事人按照第 4.4 款〔商定或确定〕确定变更工作的单价。

10.4.2　变更估价程序

承包人应在收到变更指示后 14 天内，向监理人提交变更估价申请。监理人应在收到承包人提交的变更估价申请后 7 天内审查完毕并报送发包人，监理人对变更估价申请有异议，通知承包人修改后重新提交。发包人应在承包人提交变更估价申请后 14 天内审批完毕。发包人逾期未完成审批或未提出异议的，视为认可承包人提交的变更估价申请。

因变更引起的价格调整应计入最近一期的进度款中支付。

【条文注释】本条约定了变更工作的估价原则和估价程序。《建设工程价款结算暂行办法》规定：

(1) 施工中发生工程变更，承包人按照经发包人认可的变更设计文件，进行变更施工，其中，政府投资项目重大变更，需按基本建设程序报批后方可施工。

(2) 在工程设计变更确定后 14 天内，设计变更涉及工程价款调整的，由承包人向发包人提出，经发包人审核同意后调整合同价款。变更合同价款按下列方法进行：

1) 合同中已有适用于变更工程的价格，按合同已有的价格变更合同价款；

2) 合同中只有类似于变更工程的价格，可以参照类似价格变更合同价款；

3) 合同中没有适用或类似于变更工程的价格，由承包人或发包人提出适当的变更价格，经对方确认后执行。如双方不能达成一致的，双方可提请工程所在地工程造价管理机构进行咨询或按合同约定的争议或纠纷解决程序办理。

(3) 工程设计变更确定后 14 天内，如承包人未提出变更工程价款报告，则发包人可根据所掌握的资料决定是否调整合同价款和调整的具体金额。重大工程变更涉及工程价款变更报告和确认的时限由发承包双方协商确定。

收到变更工程价款报告一方，应在收到之日起 14 天内予以确认或提出协商意见，自变更工程价款报告送达之日起 14 天内，对方未确认也未提出协商意见时，视为变更工程价款报告已被确认。

确认增（减）的工程变更价款作为追加（减）合同价款与工程进度款同期支付。

需要注意的是，本条约定：变更导致实际完成的变更工程量与已标价工程量清单或预算书中列明的该项目工程量的变化幅度超过 15％的，双方当事人可以重新确定变更工作单价。这一约定增加了变更工作估价的可操作性。

【裁判观点】

最高人民法院裁判观点：工程变更导致工程量发生重大变化，当事人对于该部分工程款结算不能一致的，原则上仍应参照合同约定结算工程价款，而在因增减工程的性质、标准不宜适用原合同约定的计价方法和计价标准结算工程款，或者原合同约定不明无法适用的情况下，则可根据《解释》第 16 条第 2 款的规定，选择结算工程款的方式。

工程变更应保留好发承包双方与监理单位之间关于工程变更的各项文件，对仅有复印件而无原件印证的工程签证单，在鉴定机构进行现场勘查的基础上，对既无法提供原件佐证且现场又未发现施工痕迹的部分，属无法证明相关工程实际发生；对其中现场可见部分施工痕迹的部分，在双方各执一词，又均无法充分证明自己观点的情况下，法院可基于查明的事实依法裁量。[1]

【条文】

10.5 承包人的合理化建议

承包人提出合理化建议的，应向监理人提交合理化建议说明，说明建议的内容和理由，以及实施该建议对合同价格和工期的影响。

除专用合同条款另有约定外，监理人应在收到承包人提交的合理化建议后 7 天内审查完毕并报送发包人，发现其中存在技术上的缺陷，应通知承包人修改。发包人应在收到监理人报送的合理化建议后 7 天内审批完毕。合理化建议经发包人批准的，监理人应及时发出变更指示，由此引起的合同价格调整按照第 10.4 款〔变更估价〕约定执行。发包人不同意变更的，监理人应书面通知承包人。

合理化建议降低了合同价格或者提高了工程经济效益的，发包人可对承包人给予奖励，奖励的方法和金额在专用合同条款中约定。

【条文注释】发包人采纳承包人提出的合理化建议，从而提升合同工程的价值，是现代项目管理中伙伴关系和价值工程理念的具体体现。本条在操作中应注意，如何量化计算

---

[1] 最高人民法院民事审判第一庭编：《民事审判指导与参考》总第 58 辑（2014）年【民事审判信箱】，《工程变更导致工程量发生重大变化，当事人对于该部分工程款结算达不成一致的，是否应当参照签订原合同时建设行政主管部门发布的工程定额标准或工程量清单计价方法结算工程款》，人民法院出版社，第 240 页。

因采纳合理化建议给工程带来的效益，尤其是某些建议的效果是成本大幅度下降而项目使用功能小幅度降低时，这种计算将变得非常困难。

【条文】

10.6　变更引起的工期调整

因变更引起工期变化的，合同当事人均可要求调整合同工期，由合同当事人按照第4.4款〔商定或确定〕并参考工程所在地的工期定额标准确定增减工期天数。

【条文注释】由于变更工作导致约定的工作内容发生了变化，因此工期相应的会产生变化。本条约定了工期调整的依据需参考工程所在地的工期定额。

【条文】

10.7　暂估价

暂估价专业分包工程、服务、材料和工程设备的明细由合同当事人在专用合同条款中约定。

10.7.1　依法必须招标的暂估价项目

对于依法必须招标的暂估价项目，采取以下第1种方式确定。合同当事人也可以在专用合同条款中选择其他招标方式。

第1种方式：对于依法必须招标的暂估价项目，由承包人招标，对该暂估价项目的确认和批准按照以下约定执行：

（1）承包人应当根据施工进度计划，在招标工作启动前14天将招标方案通过监理人报送发包人审查，发包人应当在收到承包人报送的招标方案后7天内批准或提出修改意见。承包人应当按照经过发包人批准的招标方案开展招标工作；

（2）承包人应当根据施工进度计划，提前14天将招标文件通过监理人报送发包人审批，发包人应当在收到承包人报送的相关文件后7天内完成审批或提出修改意见；发包人有权确定招标控制价并按照法律规定参加评标；

（3）承包人与供应商、分包人在签订暂估价合同前，应当提前7天将确定的中标候选供应商或中标候选分包人的资料报送发包人，发包人应在收到资料后3天内与承包人共同确定中标人；承包人应当在签订合同后7天内，将暂估价合同副本报送发包人留存。

第2种方式：对于依法必须招标的暂估价项目，由发包人和承包人共同招标确定暂估价供应商或分包人的，承包人应按照施工进度计划，在招标工作启动前14天通知发包人，并提交暂估价招标方案和工作分工。发包人应在收到后7天内确认。确定中标人后，由发包人、承包人与中标人共同签订暂估价合同。

10.7.2　不属于依法必须招标的暂估价项目

除专用合同条款另有约定外，对于不属于依法必须招标的暂估价项目，采取以下第1种方式确定：

第1种方式：对于不属于依法必须招标的暂估价项目，按本项约定确认和批准：

（1）承包人应根据施工进度计划，在签订暂估价项目的采购合同、分包合同前28天向监理人提出书面申请。监理人应当在收到申请后3天内报送发包人，发包人应当在收到申请后14天内给予批准或提出修改意见，发包人逾期未予批准或提出修改意见的，视为该书面申请已获得同意；

（2）发包人认为承包人确定的供应商、分包人无法满足工程质量或合同要求的，发包人可以要求承包人重新确定暂估价项目的供应商、分包人；

（3）承包人应当在签订暂估价合同后7天内，将暂估价合同副本报送发包人留存。

第2种方式：承包人按照第10.7.1项〔依法必须招标的暂估价项目〕约定的第1种方式确定暂估价项目。

第3种方式：承包人直接实施的暂估价项目

承包人具备实施暂估价项目的资格和条件的，经发包人和承包人协商一致后，可由承包人自行实施暂估价项目，合同当事人可以在专用合同条款约定具体事项。

10.7.3　因发包人原因导致暂估价合同订立和履行迟延的，由此增加的费用和（或）延误的工期由发包人承担，并支付承包人合理的利润。因承包人原因导致暂估价合同订立和履行迟延的，由此增加的费用和（或）延误的工期由承包人承担。

【条文注释】本条约定了暂估价项目如何招标或采购的问题。本条的特色在于区分了暂估价项目是否属于法律规定强制招标范围。对于需要进行招标的暂估价项目，合同提供了承包人自主招标和发包人与承包人共同招标两种模式；对于非强制招标暂估价项目，合同提供了承包人直接发包（采购）、承包人招标发包（采购）和承包人直接实施三种模式。

《建设工程工程量清单计价规范》在考虑了招标与非招标暂估价项目的基础上，进一步区分了承包人是否参加暂估价专业工程投标的情形。

根据《建设工程工程量清单计价规范》规定，发包人在招标工程量清单中给定暂估价的材料、工程设备属于依法必须招标的，应由发承包双方以招标的方式选择供应商，确定价格，并应以此为依据取代暂估价，调整合同价款。发包人在招标工程量清单中给定暂估价的材料、工程设备不属于依法必须招标的，应由承包人按照合同约定采购，经发包人确认单价后取代暂估价，调整合同价款。发包人在工程量清单中给定暂估价的专业工程不属于依法必须招标的，应按照本规范9.3节相应条款的规定确定专业工程价款，并应以此为依据取代专业工程暂估价，调整合同价款。发包人在招标工程量清单中给定暂估价的专业工程，依法必须招标的，应当由发承包双方依法组织招标选择专业分包人，接受有管辖权的建设工程招标投标管理机构的监督，还应符合下列要求：

（1）除合同另有约定外，承包人不参加投标的专业工程发包招标，应由承包人作为招标人，但拟定的招标文件、评标工作、评标结果应报送发包人批准。与组织招标工作有关的费用应当被认为已经包括在承包人的签约合同价（投标总报价）中。

（2）承包人参加投标的专业工程发包招标，应由发包人作为招标人，与组织招标工作有关的费用由发包人承担，同等条件下，应优先选择承包人中标。

（3）应以专业工程发包中标价为依据取代专业工程暂估价，调整合同价款。

【裁判观点】

《2011年全国民事审判工作会议纪要》第24条规定："对按照'最低价中标'等违规

招标形式，以低于工程建设成本的工程项目标底订立的施工合同，应当依据招标投标法第41条第（二）项的规定认定无效"。

【条文】

10.8 暂列金额

暂列金额应按照发包人的要求使用，发包人的要求应通过监理人发出。合同当事人可以在专用合同条款中协商确定有关事项。

【条文注释】本条约定了暂列金额使用的权限。根据《建设工程工程量清单计价规范》规定，暂列金额的余额归发包人所有。

【条文】

10.9 计日工

需要采用计日工方式的，经发包人同意后，由监理人通知承包人以计日工计价方式实施相应的工作，其价款按列入已标价工程量清单或预算书中的计日工计价项目及其单价进行计算；已标价工程量清单或预算书中无相应的计日工单价的，按照合理的成本与利润构成的原则，由合同当事人按照第4.4款〔商定或确定〕确定计日工的单价。

采用计日工计价的任何一项工作，承包人应在该项工作实施过程中，每天提交以下报表和有关凭证报送监理人审查：

（1）工作名称、内容和数量；

（2）投入该工作的所有人员的姓名、专业、工种、级别和耗用工时；

（3）投入该工作的材料类别和数量；

（4）投入该工作的施工设备型号、台数和耗用台时；

（5）其他有关资料和凭证。

计日工由承包人汇总后，列入最近一期进度付款申请单，由监理人审查并经发包人批准后列入进度付款。

【条文注释】本条约定了计日工工作的计价、计日工报表的内容和计日工价款的支付。计日工形式主要用于合同工程范围以外的零星工程或工作。

3.11 价 格 调 整

【条文】

11.1 市场价格波动引起的调整

除专用合同条款另有约定外，市场价格波动超过合同当事人约定的范围，合同价格应当调整。合同当事人可以在专用合同条款中约定选择以下一种方式对合同价格进行调整：

第1种方式：采用价格指数进行价格调整。

（1）价格调整公式

因人工、材料和设备等价格波动影响合同价格时，根据专用合同条款中约定的数据，按以下公式计算差额并调整合同价格：

$$\Delta P = P_0 \left[A + \left(B_1 \times \frac{F_{t1}}{F_{01}} + B_2 \times \frac{F_{t2}}{F_{02}} + B_3 \times \frac{F_{t3}}{F_{03}} + \cdots + B_n \times \frac{F_{tn}}{F_{0n}} \right) - 1 \right]$$

公式中　　　ΔP——需调整的价格差额；

P_0——约定的付款证书中承包人应得到的已完成工程量的金额。此项金额应不包括价格调整、不计质量保证金的扣留和支付、预付款的支付和扣回。约定的变更及其他金额已按现行价格计价的，也不计在内；

A——定值权重（即不调部分的权重）；

$B_1 ; B_2 ; B_3 \cdots\cdots B_n$——各可调因子的变值权重（即可调部分的权重），为各可调因子在签约合同价中所占的比例；

$F_{t1} ; F_{t2} ; F_{t3} \cdots\cdots F_{tn}$——各可调因子的现行价格指数，指约定的付款证书相关周期最后一天的前42天的各可调因子的价格指数；

$F_{01} ; F_{02} ; F_{03} \cdots\cdots F_{0n}$——各可调因子的基本价格指数，指基准日期的各可调因子的价格指数。

以上价格调整公式中的各可调因子、定值和变值权重，以及基本价格指数及其来源在投标函附录价格指数和权重表中约定，非招标订立的合同，由合同当事人在专用合同条款中约定。价格指数应首先采用工程造价管理机构发布的价格指数，无前述价格指数时，可采用工程造价管理机构发布的价格代替。

（2）暂时确定调整差额

在计算调整差额时无现行价格指数的，合同当事人同意暂用前次价格指数计算。实际价格指数有调整的，合同当事人进行相应调整。

（3）权重的调整

因变更导致合同约定的权重不合理时，按照第4.4款〔商定或确定〕执行。

（4）因承包人原因工期延误后的价格调整

因承包人原因未按期竣工的，对合同约定的竣工日期后继续施工的工程，在使用价格调整公式时，应采用计划竣工日期与实际竣工日期的两个价格指数中较低的一个作为现行价格指数。

第2种方式：采用造价信息进行价格调整。

合同履行期间，因人工、材料、工程设备和机械台班价格波动影响合同价格时，人工、机械使用费按照国家或省、自治区、直辖市建设行政管理部门、行业建设管理部门或其授权的工程造价管理机构发布的人工、机械使用费系数进行调整；需要进行价格调整的材料，其单价和采购数量应由发包人审批，发包人确认需调整的材料单价及数量，作为调整合同价格的依据。

（1）人工单价发生变化且符合省级或行业建设主管部门发布的人工费调整规定，合同当事人应按省级或行业建设主管部门或其授权的工程造价管理机构发布的人工费等文件调整合同价格，但承包人对人工费或人工单价的报价高于发布价格的除外。

（2）材料、工程设备价格变化的价款调整按照发包人提供的基准价格，按以下风险范围规定执行：

① 承包人在已标价工程量清单或预算书中载明材料单价低于基准价格的：除专用合同条款另有约定外，合同履行期间材料单价涨幅以基准价格为基础超过5％时，或材料单价跌幅以在已标价工程量清单或预算书中载明材料单价为基础超过5％时，其超过部分据实调整。

② 承包人在已标价工程量清单或预算书中载明材料单价高于基准价格的：除专用合同条款另有约定外，合同履行期间材料单价跌幅以基准价格为基础超过5％时，材料单价涨幅以在已标价工程量清单或预算书中载明材料单价为基础超过5％时，其超过部分据实调整。

③ 承包人在已标价工程量清单或预算书中载明材料单价等于基准价格的：除专用合同条款另有约定外，合同履行期间材料单价涨跌幅以基准价格为基础超过±5％时，其超过部分据实调整。

④ 承包人应在采购材料前将采购数量和新的材料单价报发包人核对，发包人确认用于工程时，发包人应确认采购材料的数量和单价。发包人在收到承包人报送的确认资料后5天内不予答复的视为认可，作为调整合同价格的依据。未经发包人事先核对，承包人自行采购材料的，发包人有权不予调整合同价格。发包人同意的，可以调整合同价格。

前述基准价格是指由发包人在招标文件或专用合同条款中给定的材料、工程设备的价格，该价格原则上应当按照省级或行业建设主管部门或其授权的工程造价管理机构发布的信息价编制。

（3）施工机械台班单价或施工机械使用费发生变化超过省级或行业建设主管部门或其授权的工程造价管理机构规定的范围时，按规定调整合同价格。

第3种方式：专用合同条款约定的其他方式。

【条文注释】本合同范本将市场价格波动引起的调整方法分为价格指数调整价格差额和造价信息调整价格差额两大类，并约定合同当事人可以在专用合同条款中约定其他调整方法。这两类方法与发改委56号令《标准施工招标文件》通用合同条款和《建设工程工程量清单计价规范》中规定的物价波动引起的价格调整方式是一致的，是国内目前使用频率最高的。

【裁判观点】

（1）最高人民法院印发《关于当前形势下审理民商事合同纠纷案件若干问题的指导意见》的通知（法发〔2009〕40号）第一部分"慎重适用情势变更原则，合理调整双方利益关系"规定："1. 当前市场主体之间的产品交易、资金流转因原料价格剧烈波动、市场需求关系的变化、流动资金不足等诸多因素的影响而产生大量纠纷，对于部分当事人在诉讼中提出适用情势变更原则变更或者解除合同的请求，人民法院应当依据公平原则和情势变更原则严格审查。2. 人民法院在适用情势变更原则时，应当充分注意到全球性金融危机和国内宏观经济形势变化并非完全是一个令所有市场主体猝不及防的突变过程，而是一个逐步演变的过程。在演变过程中，市场主体应当对于市场风险存在一定程度的预见和判断。人民法院应当依法把握情势变更原则的适用条件，严格审查当事人提出的'无法预见'的主张，对于涉及石油、焦炭、有色金属等市场属性活泼、长期以来价格波动较大的大宗商品标的物以及股票、期货等风险投资型金融产品标的物的合同，更要慎重适用情势变更原则。3. 人民法院要合理区分情势变更与商业风险。商业风险属于从事商业活动的固有风险，诸如尚未达到异常变动程度的供求关系变化、价格涨跌等。情势变更是当事人在缔约时无法预见的非市场系统固有的风险。人民法院在判断某种重大客观变化是否属于情势变更时，应当注意衡量风险类型是否属于社会一般观念上的事先无法预见、风险程度是否远远超出正常人的合理预期、风险是否可以防范和控制、交易性质是否属于通常的'高风险高收益'范围等因素，并结合市场的具体情况，在个案中识别情势变更和商业风险。4. 在调整尺度的价值取向把握上，人民法院仍应遵循侧重于保护守约方的原则。适用情势变更原则并非简单地豁免债务人的义务而使债权人承受不利后果，而是要充分注意利益均衡，公平合理地调整双方利益关系。在诉讼过程中，人民法院要积极引导当事人重新协商，改订合同；重新协商不成的，争取调解解决。为防止情势变更原则被滥用而影响市场正常的交易秩序，人民法院决定适用情势变更原则作出判决的，应当按照最高人民法院《关于正确适用〈中华人民共和国合同法〉若干问题的解释（二）服务党和国家工作大局的通知》（法〔2009〕165号）的要求，严格履行适用情势变更的相关审核程序"。

（2）最高人民法院裁判观点：施工期间建材价格大幅上涨不属于当事人不可预见的情形。[1] 就建设工程施工合同法律关系而言，建材价格的起伏涨落无疑应当是一个普通的建设工程施工合同承包方在确定投标价格时首先应当考虑到的重要因素。而从建筑市场实践看，材料价格随着市场变化出现涨落殊为正常，将其认定为非当事人所能预见之"情事"有违一般行业判断标准。否则，以此为依据对合同价款动辄进行调整将成为常态，这不仅会严重损害法律关系的稳定性，更有可能使当事人（尤其是建设方）确定合同权利义务的预判基础大大削弱。因此有必要将其纳入当事人应当预见的范围。[2]

【条文】

11.2 法律变化引起的调整

基准日期后，法律变化导致承包人在合同履行过程中所需要的费用发生除第11.1款〔市场价格波动引起的调整〕约定以外的增加时，由发包人承担由此增加的费用；减少时，应从合同价格中予以扣减。基准日期后，因法律变化造成工期延误时，工期应予以顺延。

因法律变化引起的合同价格和工期调整，合同当事人无法达成一致的，由总监理工程师按第4.4款〔商定或确定〕的约定处理。

因承包人原因造成工期延误，在工期延误期间出现法律变化的，由此增加的费用和

---

[1] 最高人民法院〔2007〕民一终字第81号民事判决书。

[2] 最高人民法院民事审判第一庭编：《民事审判指导与参考》2008年第2辑（总第34辑），法律出版社2008年版，第162~171页。

（或）延误的工期由承包人承担。

【条文注释】法律包括广义的法律和狭义的法律。

广义上的法律，泛指《中华人民共和国立法法》调整的各类法的规范性文件；狭义上的法律，仅指全国人大及其常委会制定的规范性文件。本条中法律应从广义层面理解，既包括全国人大及常委会制定的法律，又包括行政法规、地方性法规、部门规章以及双方根据本合同1.3款〔法律〕在专用条款中约定的适用于本工程的法律规范。

基准日期后，本合同所适用法律发生变化的，属于一个有经验的承包人无法合理预见的风险，应该由发包人承担。

3.12 合同价格、计量与支付

【条文】

12.1 合同价格形式

发包人和承包人应在合同协议书中选择下列一种合同价格形式：

1. 单价合同

单价合同是指合同当事人约定以工程量清单及其综合单价进行合同价格计算、调整和确认的建设工程施工合同，在约定的范围内合同单价不作调整。合同当事人应在专用合同条款中约定综合单价包含的风险范围和风险费用的计算方法，并约定风险范围以外的合同价格的调整方法，其中因市场价格波动引起的调整按第11.1款〔市场价格波动引起的调整〕约定执行。

2. 总价合同

总价合同是指合同当事人约定以施工图、已标价工程量清单或预算书及有关条件进行合同价格计算、调整和确认的建设工程施工合同，在约定的范围内合同总价不作调整。合同当事人应在专用合同条款中约定总价包含的风险范围和风险费用的计算方法，并约定风险范围以外的合同价格的调整方法，其中因市场价格波动引起的调整按第11.1款〔市场价格波动引起的调整〕、因法律变化引起的调整按第11.2款〔法律变化引起的调整〕约定执行。

3. 其他价格形式

合同当事人可在专用合同条款中约定其他合同价格形式。

【条文注释】《建设工程价款结算暂行办法》第八条规定："发、承包人在签订合同时对于工程价款的约定，可选用下列一种约定方式：（一）固定总价。合同工期较短且工程合同总价较低的工程，可以采用固定总价合同方式；（二）固定单价。双方在合同中约定综合单价包含的风险范围和风险费用的计算方法，在约定的风险范围内综合单价不再调整。风险范围以外的综合单价调整方法，应当在合同中约定；（三）可调价格。可调价格包括可调综合单价和措施费等，双方应在合同中约定综合单价和措施费的调整方法"。

第28条规定："合同示范文本内容如与本办法不一致，以本办法为准"。

【条文】

12.2 预付款

12.2.1 预付款的支付

预付款的支付按照专用合同条款约定执行，但至迟应在开工通知载明的开工日期7天前支付。预付款应当用于材料、工程设备、施工设备的采购及修建临时工程、组织施工队伍进场等。

除专用合同条款另有约定外，预付款在进度付款中同比例扣回。在颁发工程接收证书前，提前解除合同的，尚未扣完的预付款应与合同价款一并结算。

发包人逾期支付预付款超过7天的，承包人有权向发包人发出要求预付的催告通知，发包人收到通知后7天内仍未支付的，承包人有权暂停施工，并按第16.1.1项〔发包人违约的情形〕执行。

12.2.2 预付款担保

发包人要求承包人提供预付款担保的，承包人应在发包人支付预付款7天前提供预付款担保，专用合同条款另有约定除外。预付款担保可采用银行保函、担保公司担保等形式，具体由合同当事人在专用合同条款中约定。在预付款完全扣回之前，承包人应保证预付款担保持续有效。

发包人在工程款中逐期扣回预付款后，预付款担保额度应相应减少，但剩余的预付款担保金额不得低于未被扣回的预付款金额。

【条文注释】《建设工程价款结算暂行办法》第12条规定："工程预付款结算应符合下列规定：（一）包工包料工程的预付款按合同约定拨付，原则上预付比例不低于合同金额的10%，不高于合同金额的30%，对重大工程项目，按年度工程计划逐年预付。计价执行《建设工程工程量清单计价规范》的工程，实体性消耗和非实体性消耗部分应在合同中分别约定预付款比例；（二）在具备施工条件的前提下，发包人应在双方签订合同后的一个月内或不迟于约定的开工日期前的7天内预付工程款，发包人不按约定预付，承包人应在预付时间到期后10天内向发包人发出要求预付的通知，发包人收到通知后仍不按要求预付，承包人可在发出通知14天后停止施工，发包人应从约定应付之日起向承包人支付应付款的利息（利率按同期银行贷款利率计），并承担违约责任；（三）预付的工程款必须在合同中约定抵扣方式，并在工程进度款中进行抵扣；（四）凡是没有签订合同或不具备施工条件的工程，发包人不得预付工程款，不得以预付款为名转移资金"。

【条文】

12.3 计量

12.3.1 计量原则

工程量计量按照合同约定的工程量计算规则、图纸及变更指示等进行计量。工程量计算规则应以相关的国家标准、行业标准等为依据，由合同当事人在专用合同条款中约定。

12.3.2 计量周期

除专用合同条款另有约定外，工程量的计量按月进行。

12.3.3 单价合同的计量

除专用合同条款另有约定外，单价合同的计量按照本项约定执行：

（1）承包人应于每月25日向监理人报送上月20日至当月19日已完成的工程量报告，并附具进度付款申请单、已完成工程量报表和有关资料。

（2）监理人应在收到承包人提交的工程量报告后7天内完成对承包人提交的工程量报表的审核并报送发包人，以确定当月实际完成的工程量。监理人对工程量有异议的，有权要求承包人进行共同复核或抽样复测。承包人应协助监理人进行复核或抽样复测，并按监理人要求提供补充计量资料。承包人未按监理人要求参加复核或抽样复测的，监理人复核或修正的工程量视为承包人实际完成的工程量。

（3）监理人未在收到承包人提交的工程量报表后的7天内完成审核的，承包人报送的工程量报告中的工程量视为承包人实际完成的工程量，据此计算工程价款。

12.3.4 总价合同的计量

除专用合同条款另有约定外，按月计量支付的总价合同，按照本项约定执行：

（1）承包人应于每月25日向监理人报送上月20日至当月19日已完成的工程量报告，并附具进度付款申请单、已完成工程量报表和有关资料。

（2）监理人应在收到承包人提交的工程量报告后7天内完成对承包人提交的工程量报表的审核并报送发包人，以确定当月实际完成的工程量。监理人对工程量有异议的，有权要求承包人进行共同复核或抽样复测。承包人应协助监理人进行复核或抽样复测并按监理人要求提供补充计量资料。承包人未按监理人要求参加复核或抽样复测的，监理人审核或修正的工程量视为承包人实际完成的工程量。

（3）监理人未在收到承包人提交的工程量报表后的7天内完成复核的，承包人提交的工程量报告中的工程量视为承包人实际完成的工程量。

12.3.5 总价合同采用支付分解表计量支付的，可以按照第12.3.4项〔总价合同的计量〕约定进行计量，但合同价款按照支付分解表进行支付。

12.3.6 其他价格形式合同的计量

合同当事人可在专用合同条款中约定其他价格形式合同的计量方式和程序。

【条文注释】本条是关于工程计量的约定。工程量的正确计量是发包人向承包人支付工程进度款的前提和依据。

（1）计量原则。根据《建设工程工程量清单计价规范》规定，工程量必须按照相关工程现行国家计量规范规定的工程量计算规则计算。

（2）计量周期。根据《建设工程工程量清单计价规范》规定，工程计量可选择按月或按工程形象进度分段计量，具体计量周期应在合同中约定。

（3）单价合同的计量。根据《建设工程工程量清单计价规范》规定，工程量必须以承包人完成合同工程应予计量的工程量确定。单价合同中，招标文件中的工程量清单标明的工程量是招标人根据拟建工程设计文件预计的工程量，不能作为承包人在履行合同义务中应予完成的实际和准确的工程量，这一点是毫无疑义的。招标文件中工程量清单所列的工程量一方面是各投标人进行投标报价的共同基础，另一方面也是对各投标人的投标报价进行评审的共同平台，是招投标活动应当遵循公开、公平、公正和诚实、信用原则的具体体现。发、承包双方进行工程竣工结算的工程量应按照经发、承包双方认可的实际完成工程量确定，而非招标文件中工程量清单所列的工程量。

（4）总价合同的计量。根据《建设工程工程量清单计价规范》规定，总价合同约定的项目计量应以合同工程经审定批准的施工图纸为依据，发承包双方应在合同中约定工程计量的形象目标或时间节点进行计量。

【裁判观点】

（1）最高人民法院印发《关于当前形势下审理民商事合同纠纷案件若干问题的指导意见》的通知（法发〔2009〕40号）第12条规定："当前在国家重大项目和承包租赁行业等受到全球性金融危机冲击和国内宏观经济形势变化影响比较明显的行业领域，由于合同当事人采用转包、分包、转租方式，出现了大量以单位部门、项目经理乃至个人名义签订或实际履行合同的情形，并因合同主体和效力认定问题引发表见代理纠纷案件。对此，人民法院应当正确适用合同法第四十九条关于表见代理制度的规定，严格认定表见代理行为"。

（2）最高人民法院裁判观点：在施工过程中，监理工程师具有签认施工月报表的工作惯例。对签认的结果，各方当事人未提出异议，唯独对一份或几份签认结果不认可，应当认定此签认行为构成了表见代理行为，应当认定监理工程师对施工月报表的签认效力。除上述情况外，监理工程师对施工月报表的签认行为，不发生签证效力。❶

【条文】

12.4　工程进度款支付

12.4.1　付款周期

除专用合同条款另有约定外，付款周期应按照第12.3.2项〔计量周期〕的约定与计量周期保持一致。

12.4.2　进度付款申请单的编制

除专用合同条款另有约定外，进度付款申请单应包括下列内容：

（1）截至本次付款周期已完成工作对应的金额；

（2）根据第10条〔变更〕应增加和扣减的变更金额；

（3）根据第12.2款〔预付款〕约定应支付的预付款和扣减的返还预付款；

（4）根据第15.3款〔质量保证金〕约定应扣减的质量保证金；

（5）根据第19条〔索赔〕应增加和扣减的索赔金额；

（6）对已签发的进度款支付证书中出现错误的修正，应在本次进度付款中支付或扣除的金额；

（7）根据合同约定应增加和扣减的其他金额。

---

❶　最高人民法院民事审判第一庭编：《民事审判指导与参考》总第34辑（2008）年【民事审判信箱】，《经建设单位聘用的监理工程师签认的工程量月报表，原则上不能直接作为工程结算依据》，法律出版社，第176～177页。

12.4.3 进度付款申请单的提交

（1）单价合同进度付款申请单的提交

单价合同的进度付款申请单，按照第12.3.3项〔单价合同的计量〕约定的时间按月向监理人提交，并附上已完成工程量报表和有关资料。单价合同中的总价项目按月进行支付分解，并汇总列入当期进度付款申请单。

（2）总价合同进度付款申请单的提交

总价合同按月计量支付的，承包人按照第12.3.4项〔总价合同的计量〕约定的时间按月向监理人提交进度付款申请单，并附上已完成工程量报表和有关资料。

总价合同按支付分解表支付的，承包人应按照第12.4.6项〔支付分解表〕及第12.4.2项〔进度付款申请单的编制〕的约定向监理人提交进度付款申请单。

（3）其他价格形式合同的进度付款申请单的提交

合同当事人可在专用合同条款中约定其他价格形式合同的进度付款申请单的编制和提交程序。

12.4.4 进度款审核和支付

（1）除专用合同条款另有约定外，监理人应在收到承包人进度付款申请单以及相关资料后7天内完成审查并报送发包人，发包人应在收到后7天内完成审批并签发进度款支付证书。发包人逾期未完成审批且未提出异议的，视为已签发进度款支付证书。

发包人和监理人对承包人的进度付款申请单有异议的，有权要求承包人修正和提供补充资料，承包人应提交修正后的进度付款申请单。监理人应在收到承包人修正后的进度付款申请单及相关资料后7天内完成审查并报送发包人，发包人应在收到监理人报送的进度付款申请单及相关资料后7天内，向承包人签发无异议部分的临时进度款支付证书。存在争议的部分，按照第20条〔争议解决〕的约定处理。

（2）除专用合同条款另有约定外，发包人应在进度款支付证书或临时进度款支付证书签发后14天内完成支付，发包人逾期支付进度款的，应按照中国人民银行发布的同期同类贷款基准利率支付违约金。

（3）发包人签发进度款支付证书或临时进度款支付证书，不表明发包人已同意、批准或接受了承包人完成的相应部分的工作。

12.4.5 进度付款的修正

在对已签发的进度款支付证书进行阶段汇总和复核中发现错误、遗漏或重复的，发包人和承包人均有权提出修正申请。经发包人和承包人同意的修正，应在下期进度付款中支付或扣除。

12.4.6 支付分解表

1. 支付分解表的编制要求

（1）支付分解表中所列的每期付款金额，应为第12.4.2项〔进度付款申请单的编制〕第（1）目的估算金额；

（2）实际进度与施工进度计划不一致的，合同当事人可按照第4.4款〔商定或确定〕

修改支付分解表；

（3）不采用支付分解表的，承包人应向发包人和监理人提交按季度编制的支付估算分解表，用于支付参考。

2. 总价合同支付分解表的编制与审批

（1）除专用合同条款另有约定外，承包人应根据第7.2款〔施工进度计划〕约定的施工进度计划、签约合同价和工程量等因素对总价合同按月进行分解，编制支付分解表。承包人应当在收到监理人和发包人批准的施工进度计划后7天内，将支付分解表及编制支付分解表的支持性资料报送监理人。

（2）监理人应在收到支付分解表后7天内完成审核并报送发包人。发包人应在收到经监理人审核的支付分解表后7天内完成审批，经发包人批准的支付分解表为有约束力的支付分解表。

（3）发包人逾期未完成支付分解表审批的，也未及时要求承包人进行修正和提供补充资料的，则承包人提交的支付分解表视为已经获得发包人批准。

3. 单价合同的总价项目支付分解表的编制与审批

除专用合同条款另有约定外，单价合同的总价项目，由承包人根据施工进度计划和总价项目的总价构成、费用性质、计划发生时间和相应工程量等因素按月进行分解，形成支付分解表，其编制与审批参照总价合同支付分解表的编制与审批执行。

【条文注释】本条规定了工程进度款的申请与支付。

（1）根据《建设工程工程量清单计价规范》规定，发包人支付工程进度款，应按照合同约定计量和支付，支付周期同计量周期。

计量和付款周期可采用分段或按月结算的方式。按照财政部、原建设部印发的《建设工程价款结算暂行办法》（财建〔2004〕369号）的规定：

1）按月结算与支付。即实行按月支付进度款，竣工后结算的办法。合同工期在两个年度以上的工程，在年终进行工程盘点，办理年度结算。

2）分段结算与支付。即当年开工、当年不能竣工的工程按照工程形象进度，划分不同阶段，支付工程进度款。

当采用分段结算方式时，应在合同中约定具体的工程分段划分，付款周期应与计量周期一致。

（2）支付分解表。根据《建设工程工程量清单计价规范》规定，已标价工程量清单中的总价项目和按照本规范形成的总价合同，承包人应按合同中约定的进度款支付分解，分别列入进度款支付申请中的安全文明施工费和本周期应支付的总价项目的金额中。

【条文】

12.5　支付账户

发包人应将合同价款支付至合同协议书中约定的承包人账户。

【条文注释】本条约定了发包人支付合同价款的账户。施工合同是承包人完成工程、发包人支付工程价款的合同。为防止发包人擅自将工程价款支付给项目经理个人、实际施工人、分包人等情形所产生的工程争议，本条约定发包人应将合同价款支付至合同协议书中约定的承包人账户。

3.13 验收和工程试车

【条文】

13.1 分部分项工程验收

13.1.1 分部分项工程质量应符合国家有关工程施工验收规范、标准及合同约定，承包人应按照施工组织设计的要求完成分部分项工程施工。

13.1.2 除专用合同条款另有约定外，分部分项工程经承包人自检合格并具备验收条件的，承包人应提前48小时通知监理人进行验收。监理人不能按时进行验收的，应在验收前24小时向承包人提交书面延期要求，但延期不能超过48小时。监理人未按时进行验收，也未提出延期要求的，承包人有权自行验收，监理人应认可验收结果。分部分项工程未经验收的，不得进入下一道工序施工。

分部分项工程的验收资料应当作为竣工资料的组成部分。

【条文注释】 根据《建筑工程施工质量验收统一标准》规定，建筑工程质量验收应划分为单位工程、分部工程、分项工程和检验批。

分部工程是单位工程的组成部分，分部工程一般是按单位工程的结构形式、工程部位、构件性质、使用材料、设备种类等的不同而划分的工程项目；分项工程是指分部工程的组成部分，是施工图预算中最基本的计算单位，它又是概预算定额的基本计量单位，故也称为工程定额子目或工程细目。

（1）分项工程质量验收合格应符合下列规定：

1）所含检验批的质量均应验收合格；

2）所含检验批的质量验收记录应完整。

（2）分部工程质量验收合格应符合下列规定：

1）所含分项工程的质量均应验收合格；

2）质量控制资料应完整；

3）有关安全、节能、环境保护和主要使用功能的抽样检验结果应符合相应规定；

4）观感质量应符合要求。

【条文】

13.2 竣工验收

13.2.1 竣工验收条件

工程具备以下条件的，承包人可以申请竣工验收：

（1）除发包人同意的甩项工作和缺陷修补工作外，合同范围内的全部工程以及有关工作，包括合同要求的试验、试运行以及检验均已完成，并符合合同要求；

（2）已按合同约定编制了甩项工作和缺陷修补工作清单以及相应的施工计划；

（3）已按合同约定的内容和份数备齐竣工资料。

13.2.2 竣工验收程序

除专用合同条款另有约定外，承包人申请竣工验收的，应当按照以下程序进行：

（1）承包人向监理人报送竣工验收申请报告，监理人应在收到竣工验收申请报告后14天内完成审查并报送发包人。监理人审查后认为尚不具备验收条件的，应通知承包人在竣工验收前承包人还需完成的工作内容，承包人应在完成监理人通知的全部工作内容后，再次提交竣工验收申请报告。

（2）监理人审查后认为已具备竣工验收条件的，应将竣工验收申请报告提交发包人，发包人应在收到经监理人审核的竣工验收申请报告后28天内审批完毕并组织监理人、承包人、设计人等相关单位完成竣工验收。

（3）竣工验收合格的，发包人应在验收合格后14天内向承包人签发工程接收证书。发包人无正当理由逾期不颁发工程接收证书的，自验收合格后第15天起视为已颁发工程接收证书。

（4）竣工验收不合格的，监理人应按照验收意见发出指示，要求承包人对不合格工程返工、修复或采取其他补救措施，由此增加的费用和（或）延误的工期由承包人承担。承包人在完成不合格工程的返工、修复或采取其他补救措施后，应重新提交竣工验收申请报告，并按本项约定的程序重新进行验收。

（5）工程未经验收或验收不合格，发包人擅自使用的，应在转移占有工程后7天内向承包人颁发工程接收证书；发包人无正当理由逾期不颁发工程接收证书的，自转移占有后第15天起视为已颁发工程接收证书。

除专用合同条款另有约定外，发包人不按照本项约定组织竣工验收、颁发工程接收证书的，每逾期一天，应以签约合同价为基数，按照中国人民银行发布的同期同类贷款基准利率支付违约金。

13.2.3 竣工日期

工程经竣工验收合格的，以承包人提交竣工验收申请报告之日为实际竣工日期，并在工程接收证书中载明；因发包人原因，未在监理人收到承包人提交的竣工验收申请报告42天内完成竣工验收，或完成竣工验收不予签发工程接收证书的，以提交竣工验收申请报告的日期为实际竣工日期；工程未经竣工验收，发包人擅自使用的，以转移占有工程之日为实际竣工日期。

13.2.4 拒绝接收全部或部分工程

对于竣工验收不合格的工程，承包人完成整改后，应当重新进行竣工验收，经重新组织验收仍不合格的且无法采取措施补救的，则发包人可以拒绝接收不合格工程，因不合格工程导致其他工程不能正常使用的，承包人应采取措施确保相关工程的正常使用，由此增加的费用和（或）延误的工期由承包人承担。

13.2.5 移交、接收全部与部分工程

除专用合同条款另有约定外，合同当事人应当在颁发工程接收证书后7天内完成工程的移交。

发包人无正当理由不接收工程的，发包人自应当接收工程之日起，承担工程照管、成品保护、保管等与工程有关的各项费用，合同当事人可以在专用合同条款中另行约定发包人逾期接收工程的违约责任。

承包人无正当理由不移交工程的，承包人应承担工程照管、成品保护、保管等与工程有关的各项费用，合同当事人可以在专用合同条款中另行约定承包人无正当理由不移交工程的违约责任。

【条文注释】本条约定了竣工验收的条件、程序、竣工日期的确定和工程的移交与接收。根据《建筑法》规定，建筑工程竣工经验收合格后，方可交付使用；未经验收或者验收不合格的，不得交付使用。

（1）竣工验收条件。《建设工程质量管理条例》第16条规定："建设单位收到建设工程竣工报告后，应当组织设计、施工、工程监理等有关单位进行竣工验收。建设工程竣工验收应当具备下列条件：1）完成建设工程设计和合同约定的各项内容；2）有完整的技术档案和施工管理资料；3）有工程使用的主要建筑材料、建筑构配件和设备的进场试验报告；4）有勘察、设计、施工、工程监理等单位分别签署的质量合格文件；5）有施工单位签署的工程保修书。建设工程经验收合格的，方可交付使用"。

（2）竣工验收程序。如下图所示。

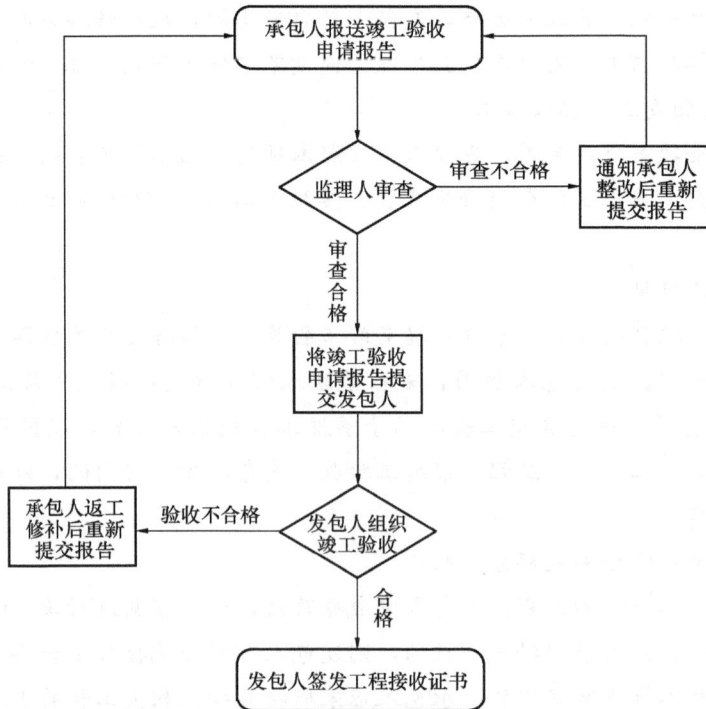

竣工验收程序

《建设工程质量管理条例》规定竣工验收由建设单位（发包人）组织。

（3）竣工日期。最高人民法院《关于审理建设工程施工合同纠纷案件适用法律问题的解释》第14条规定："当事人对建设工程实际竣工日期有争议的，按照以下情形分别处理：1）建设工程经竣工验收合格的，以竣工验收合格之日为竣工日期；2）承包人已经提交竣工验收报告，发包人拖延验收的，以承包人提交验收报告之日为竣工日期；3）建设工程未经竣工验收，发包人擅自使用的，以转移占有建设工程之日为竣工日期"。

（4）移交与接收。发包人向承包人颁发（或视为颁发）工程接收证书，意味着发包人自应当接收工程之日起，承担起工程照管、成品保护、保管等与工程有关的工作。

【裁判观点】

（1）最高人民法院裁判观点：承包人未经发包人同意以发包人名义组织竣工验收，因组织验收主体不适格，验收程序违法，不产生工程竣工验收效力。质量监督管理部门在没有核实上述事实情形下出具的竣工验收报告，不具有证据的证明力，不应予以采信。[1]

（2）最高人民法院裁判观点：在双方就实际竣工日期发生争议时，应以竣工验收合格之日为准。竣工验收备案只是竣工验收后建设单位所应办理的手续，是否取得竣工验收备案表不能作为认定工程是否已竣工验收的依据。[2]

【条文】

13.3 工程试车

13.3.1 试车程序

工程需要试车的，除专用合同条款另有约定外，试车内容应与承包人承包范围相一致，试车费用由承包人承担。工程试车应按如下程序进行：

（1）具备单机无负荷试车条件，承包人组织试车，并在试车前48小时书面通知监理人，通知中应载明试车内容、时间、地点。承包人准备试车记录，发包人根据承包人要求为试车提供必要条件。试车合格的，监理人在试车记录上签字。监理人在试车合格后不在试车记录上签字，自试车结束满24小时后视为监理人已经认可试车记录，承包人可继续施工或办理竣工验收手续。

监理人不能按时参加试车，应在试车前24小时以书面形式向承包人提出延期要求，但延期不能超过48小时，由此导致工期延误的，工期应予以顺延。监理人未能在前述期限内提出延期要求，又不参加试车的，视为认可试车记录。

（2）具备无负荷联动试车条件，发包人组织试车，并在试车前48小时以书面形式通知承包人。通知中应载明试车内容、时间、地点和对承包人的要求，承包人按要求做好准备工作。试车合格，合同当事人在试车记录上签字。承包人无正当理由不参加试车的，视为认可试车记录。

13.3.2 试车中的责任

因设计原因导致试车达不到验收要求，发包人应要求设计人修改设计，承包人按修改后的设计重新安装。发包人承担修改设计、拆除及重新安装的全部费用，工期相应顺延。

---

[1] 最高人民法院民事审判第一庭编：《民事审判指导与参考》总第54辑（2013）年【最高人民法院案例解析】，人民法院出版社，第134页。

[2] 最高人民法院〔2012〕民申字第1480号民事裁定书。

因承包人原因导致试车达不到验收要求，承包人按监理人要求重新安装和试车，并承担重新安装和试车的费用，工期不予顺延。

因工程设备制造原因导致试车达不到验收要求的，由采购该工程设备的合同当事人负责重新购置或修理，承包人负责拆除和重新安装，由此增加的修理、重新购置、拆除及重新安装的费用及延误的工期由采购该工程设备的合同当事人承担。

13.3.3 投料试车

如需进行投料试车的，发包人应在工程竣工验收后组织投料试车。发包人要求在工程竣工验收前进行或需要承包人配合时，应征得承包人同意，并在专用合同条款中约定有关事项。

投料试车合格的，费用由发包人承担；因承包人原因造成投料试车不合格的，承包人应按照发包人要求进行整改，由此产生的整改费用由承包人承担；非因承包人原因导致投料试车不合格的，如发包人要求承包人进行整改的，由此产生的费用由发包人承担。

【条文注释】工程试车是指工程在竣工阶段对设备、电路、管线等系统的试运行，检验其是否满足设计及规范要求。

（1）单机无负荷试车是指单台设备空载试用，由承包人组织；

（2）联动无负荷试车是指整套设备或多台设备一起空载试用，由发包人组织；

（3）投料试车是指按正常工作方式试机，由发包人在工程竣工验收后组织。

【条文】

13.4 提前交付单位工程的验收

13.4.1 发包人需要在工程竣工前使用单位工程的，或承包人提出提前交付已经竣工的单位工程且经发包人同意的，可进行单位工程验收，验收的程序按照第13.2款〔竣工验收〕的约定进行。

验收合格后，由监理人向承包人出具经发包人签认的单位工程接收证书。已签发单位工程接收证书的单位工程由发包人负责照管。单位工程的验收成果和结论作为整体工程竣工验收申请报告的附件。

13.4.2 发包人要求在工程竣工前交付单位工程，由此导致承包人费用增加和（或）工期延误的，由发包人承担由此增加的费用和（或）延误的工期，并支付承包人合理的利润。

【条文注释】本条是关于提前交付单位工程的约定。单位工程是具有独立的设计文件，具备独立施工条件并能形成独立使用功能，但竣工后不能独立发挥生产能力或工程效益的工程，是构成单项工程的组成部分。因此发包人需要在工程竣工前使用单位工程的，验收合格后，由监理人向承包人出具经发包人签认的单位工程接收证书。该部分验收合格的单位工程即进入缺陷责任期。

【条文】

13.5 施工期运行

13.5.1 施工期运行是指合同工程尚未全部竣工，其中某项或某几项单位工程或工程设备安装已竣工，根据专用合同条款约定，需要投入施工期运行的，经发包人按第13.4款〔提前交付单位工程的验收〕的约定验收合格，证明能确保安全后，才能在施工期投入运行。

13.5.2 在施工期运行中发现工程或工程设备损坏或存在缺陷的，由承包人按第15.2款〔缺陷责任期〕约定进行修复。

【条文注释】本条是关于施工期运行的约定。根据本条，施工期运行的前提条件是发包人对于拟投入施工期运行的单位工程或设备进行了验收且验收合格。因此在施工期运行中发现工程或工程设备损坏或存在缺陷的，承包人承担的是缺陷维修责任。

【条文】

13.6 竣工退场

13.6.1 竣工退场

颁发工程接收证书后，承包人应按以下要求对施工现场进行清理：

(1) 施工现场内残留的垃圾已全部清除出场；

(2) 临时工程已拆除，场地已进行清理、平整或复原；

(3) 按合同约定应撤离的人员、承包人施工设备和剩余的材料，包括废弃的施工设备和材料，已按计划撤离施工现场；

(4) 施工现场周边及其附近道路、河道的施工堆积物，已全部清理；

(5) 施工现场其他场地清理工作已全部完成。

施工现场的竣工退场费用由承包人承担。承包人应在专用合同条款约定的期限内完成竣工退场，逾期未完成的，发包人有权出售或另行处理承包人遗留的物品，由此支出的费用由承包人承担，发包人出售承包人遗留物品所得款项在扣除必要费用后应返还承包人。

13.6.2 地表还原

承包人应按发包人要求恢复临时占地及清理场地，承包人未按发包人的要求恢复临时占地，或者场地清理未达到合同约定要求的，发包人有权委托其他人恢复或清理，所发生的费用由承包人承担。

【条文注释】本条约定了竣工后的退场和地表还原工作，恢复临时占地及清理场地。施工单位在撤离施工现场前，应按照环境、卫生要求对施工现场进行清理。根据《固体废物污染环境防治法》规定，收集、贮存、运输、利用、处置固体废物的单位和个人，必须采取防扬散、防流失、防渗漏或者其他防止污染环境的措施；不得擅自倾倒、堆放、丢弃、遗撒固体废物。

禁止任何单位或者个人向江河、湖泊、运河、渠道、水库及其最高水位线以下的滩地和岸坡等法律、法规规定禁止倾倒、堆放废弃物的地点倾倒、堆放固体废物。

工程施工单位应当及时清运工程施工过程中产生的固体废物，并按照环境卫生行政主管部门的规定进行利用或者处置。

3.14 竣 工 结 算

【条文】

14.1 竣工结算申请

除专用合同条款另有约定外，承包人应在工程竣工验收合格后 28 天内向发包人和监理人提交竣工结算申请单，并提交完整的结算资料，有关竣工结算申请单的资料清单和份数等要求由合同当事人在专用合同条款中约定。

除专用合同条款另有约定外，竣工结算申请单应包括以下内容：

（1）竣工结算合同价格；

（2）发包人已支付承包人的款项；

（3）应扣留的质量保证金。已缴纳履约保证金的或提供其他工程质量担保方式的除外；

（4）发包人应支付承包人的合同价款。

【条文注释】 依据《建设工程价款结算暂行办法》规定，建设工程价款结算，是指对建设工程的发承包合同价款进行约定和依据合同约定进行工程预付款、工程进度款、工程竣工价款结算的活动。

工程竣工结算方式分为单位工程竣工结算、单项工程竣工结算和建设项目竣工总结算。《关于审理建设工程施工合同纠纷案件适用法律问题的解释》第 20 条规定："当事人约定，发包人收到竣工结算文件后，在约定期限内不予答复，视为认可竣工结算文件的，按照约定处理。承包人请求按照竣工结算文件结算工程价款的，应予支持"。

而根据最高人民法院关于如何理解和适用最高人民法院《关于审理建设工程施工合同纠纷案件适用法律问题的解释第二十条》的复函所述："适用该司法解释第 20 条的前提条件是当事人之间约定了发包人收到竣工结算文件后，在约定期限内不予答复，则视为认可竣工结算文件。承包人提交的竣工结算文件可以作为工程款结算的依据。建设部制定的建设工程施工合同格式文本中的通用条款第 33 条第 3 款的规定，不能简单地推论出，双方当事人具有发包人收到竣工结算文件一定期限内不予答复，则视为认可承包人提交的竣工结算文件的一致意思表示，承包人提交的竣工结算文件不能作为工程款结算的依据"。

住建部《建设工程施工发包与承包计价管理办法》只是部门规章，不宜作为人民法院审理有关建设工程施工合同纠纷案件的依据。只有当事人之间约定了发包人收到竣工结算文件后，在约定期限内不予答复则视为认可竣工结算文件，承包人提交的竣工结算文件才可以作为工程款结算的依据。

【条文】

14.2 竣工结算审核

（1）除专用合同条款另有约定外，监理人应在收到竣工结算申请单后 14 天内完成核查并报送发包人。发包人应在收到监理人提交的经审核的竣工结算申请单后 14 天内完成审批，并由监理人向承包人签发经发包人签认的竣工付款证书。监理人或发包人对竣工结算申请单有异议的，有权要求承包人进行修正和提供补充资料，承包人应提交修正后的竣工结算申请单。

发包人在收到承包人提交竣工结算申请书后 28 天内未完成审批且未提出异议的，视为发包人认可承包人提交的竣工结算申请单，并自发包人收到承包人提交的竣工结算申请单后第 29 天起视为已签发竣工付款证书。

（2）除专用合同条款另有约定外，发包人应在签发竣工付款证书后的 14 天内，完成对承包人的竣工付款。发包人逾期支付的，按照中国人民银行发布的同期同类贷款基准利率支付违约金；逾期支付超过 56 天的，按照中国人民银行发布的同期同类贷款基准利率的两倍支付违约金。

（3）承包人对发包人签认的竣工付款证书有异议的，对于有异议部分应在收到发包人签认的竣工付款证书后 7 天内提出异议，并由合同当事人按照专用合同条款约定的方式和程序进行复核，或按照第 20 条〔争议解决〕约定处理。对于无异议部分，发包人应签发临时竣工付款证书，并按本款第（2）项完成付款。承包人逾期未提出异议的，视为认可发包人的审批结果。

【条文注释】本条是关于竣工结算审核约定。根据《建设工程价款结算暂行办法》规定，监理人应按照承包人竣工付款申请金额，在以下时间内完成核查，提出发包人到期应支付给承包人的价款送发包人审核并抄送承包人：

工程竣工结算报告金额 500 万元以下的，从接到竣工结算报告和完整的竣工结算资料之日起 20 天内完成审核；

工程竣工结算报告金额 500～2000 万元的，从接到竣工结算报告和完整的竣工结算资料之日起 30 天内完成审核；

工程竣工结算报告金额 2000～5000 万元的，从接到竣工结算报告和完整的竣工结算资料之日起 45 天内完成审核；

工程竣工结算报告金额 5000 万元以上的，从接到竣工结算报告和完整的竣工结算资料之日起 60 天内完成审核；

根据确认的竣工结算报告，承包人向发包人申请支付工程竣工结算款。发包人应在收到申请后 15 天内支付结算款，到期没有支付的应承担违约责任。承包人可以催告发包人支付结算价款，如达成延期支付协议，承包人应按银行同期贷款利率支付拖欠工程价款的利息。如未达成延期支付协议，承包人可以与发包人协商将该工程折价，或申请人民法院将该工程依法拍卖，承包人就该工程折价或者拍卖的价款优先受偿。

对于某些政府投资类的项目，往往需要财政评审中心做出的审核结论作为工程结算依据，全国人大常委会法工委经研究认为，地方性法规中直接以审计结果作为竣工结算依据和应当在招标文件中载明或者在合同中约定以审计结果作为竣工结算依据的规定，限制了民事权利，超越了地方立法权限，应当予以纠正。地方性法规当中不能直接通过法律规定的方式规定以财政评审中心做出的审核结论作为工程结算依据。财政部门对财政投资的评定审核是国家对建设单位基本建设资金的监督管理，不影响建设单位与承建单位的合同效力及履行。但是，建设合同中明确约定以财政部门对财政投资的审核结论作为结算依据的，审核结论应当作为结算的依据。

【裁判观点】

（1）《2011年全国民事审判工作会议纪要》第25条规定："当事人以审计机关作出的审计报告、财政评审机构作出的评审结论，主张变更有效的建设工程施工合同约定的工程价款数额的，不予支持"。

（2）最高人民法院裁判观点：审计部门对建设资金的审计是国家对建设单位基本建设资金的监督管理行为，不影响建设单位与承建单位的合同效力及履行。除非双方当事人在合同中有约定或者合同约定不明确，审计结论不能作为工程款结算的依据。❶

（3）最高人民法院裁判观点：鉴于建设工程的特殊性，虽然合同无效，但施工人的劳动和建筑材料已经物化在建筑工程中，依据《建设工程施工合同解释》第2条的规定，建设工程合同无效，但建设工程经竣工验收合格，承包人请求参照有效合同处理的，应当参照合同约定来计算涉案工程价款，承包人不应获得比合同有效时更多的利益。❷

（4）最高人民法院裁判观点：当事人双方就同一建设工程分别签订的多份施工合同均被认定无效后，应综合缔约时建筑市场行情、利于当事人接受、诉讼经济等因素，参照双方当事人达成合意并实际履行的合同结算工程价款。发包人就其得到的建设工程价值向承包人予以折价补偿，该补偿款中包含建筑工人工资。工程价款优先受偿权的立法目的是为解决发包人拖欠承包人工人工资问题，处于立法政策的考虑，在建设工程施工合同无效的场合，仍然要保护承包人工程价款优先受偿权。❸

【条文】

14.3 甩项竣工协议

发包人要求甩项竣工的，合同当事人应签订甩项竣工协议。在甩项竣工协议中应明确，合同当事人按照第14.1款〔竣工结算申请〕及14.2款〔竣工结算审核〕的约定，对已完合格工程进行结算，并支付相应合同价款。

【条文注释】 本条是关于甩项竣工的约定。甩项工程是指某个单位工程，为了急于交付使用，把按照施工图要求还没有完成的某些工程细目甩下，而对整个单位工程先行验收。甩项工程中有些是漏项工程，或者是由于缺少某种材料、设备而造成的未完工程；有些是在验收过程中检查出来的需要返工或进行修补的工程。

因特殊原因，发包人要求部分单位工程或工程部位需要甩项竣工时，双方应另行订立甩项竣工协议，明确甩项工程范围、完成时间、双方责任和工程价款的支付方法。

---

❶ 最高人民法院民事审判第一庭编：《民事审判指导与参考》总第52辑（2012）年【最高人民法院解析】，人民法院出版社，第156页。

❷ 最高人民法院〔2011〕民提字第235号民事判决书。

❸ 最高人民法院民事审判第一庭编：《民事审判指导与参考》总第55辑（2013）年第3辑，人民法院出版社2014年版，第115～135页。

【条文】

14.4 最终结清

14.4.1 最终结清申请单

（1）除专用合同条款另有约定外，承包人应在缺陷责任期终止证书颁发后7天内，按专用合同条款约定的份数向发包人提交最终结清申请单，并提供相关证明材料。

除专用合同条款另有约定外，最终结清申请单应列明质量保证金、应扣除的质量保证金、缺陷责任期内发生的增减费用。

（2）发包人对最终结清申请单内容有异议的，有权要求承包人进行修正和提供补充资料，承包人应向发包人提交修正后的最终结清申请单。

14.4.2 最终结清证书和支付

（1）除专用合同条款另有约定外，发包人应在收到承包人提交的最终结清申请单后14天内完成审批并向承包人颁发最终结清证书。发包人逾期未完成审批，又未提出修改意见的，视为发包人同意承包人提交的最终结清申请单，且自发包人收到承包人提交的最终结清申请单后15天起视为已颁发最终结清证书。

（2）除专用合同条款另有约定外，发包人应在颁发最终结清证书后7天内完成支付。发包人逾期支付的，按照中国人民银行发布的同期同类贷款基准利率支付违约金；逾期支付超过56天的，按照中国人民银行发布的同期同类贷款基准利率的两倍支付违约金。

（3）承包人对发包人颁发的最终结清证书有异议的，按第20条〔争议解决〕的约定办理。

【条文注释】本条约定了最终结清的申请与支付。发改委2007版《标准施工招标文件》中的合同通用条款首次在我国施工合同中使用了"最终结清"的提法。

（1）最终结清申请。由于合同当事人在竣工验收后已经进行了竣工结算，因此，最终结清申请单的内容主要是关于缺陷责任期内发生的费用，包括质量保证金、应扣除的质量保证金、缺陷责任期内发生的增减费用。

（2）最终结清证书。最终结清证书的签发，意味着除质量保修期内承包人的保修责任外，合同当事人的权利义务终止。

3.15 缺陷责任与保修

【条文】

15.1 工程保修的原则

在工程移交发包人后，因承包人原因产生的质量缺陷，承包人应承担质量缺陷责任和保修义务。缺陷责任期届满，承包人仍应按合同约定的工程各部位保修年限承担保修义务。

【条文注释】我国《建筑法》、《建设工程质量管理条例》确立了工程质量保修制度；《建设工程质量保证金管理办法》（建质〔2017〕138号）确立了缺陷维修制度。

【条文】

15.2 缺陷责任期

15.2.1 缺陷责任期从工程通过竣工验收之日起计算，合同当事人应在专用合同条款约定缺陷责任期的具体期限，但该期限最长不超过24个月。

单位工程先于全部工程进行验收，经验收合格并交付使用的，该单位工程缺陷责任期自单位工程验收合格之日起算。因承包人原因导致工程无法按合同约定期限进行竣工验收的，缺陷责任期从实际通过竣工验收之日起计算。因发包人原因导致工程无法按合同约定期限进行竣工验收的，在承包人提交竣工验收报告90天后，工程自动进入缺陷责任期；发包人未经竣工验收擅自使用工程的，缺陷责任期自工程转移占有之日起开始计算。

15.2.2 缺陷责任期内，由承包人原因造成的缺陷，承包人应负责维修，并承担鉴定及维修费用。如承包人不维修也不承担费用，发包人可按合同约定从保证金或银行保函中扣除，费用超出保证金额的，发包人可按合同约定向承包人进行索赔。承包人维修并承担相应费用后，不免除对工程的损失赔偿责任。发包人有权要求承包人延长缺陷责任期，并应在原缺陷责任期届满前发出延长通知。但缺陷责任期（含延长部分）最长不能超过24个月。

由他人原因造成的缺陷，发包人负责组织维修，承包人不承担费用，且发包人不得从保证金中扣除费用。

15.2.3 任何一项缺陷或损坏修复后，经检查证明其影响了工程或工程设备的使用性能，承包人应重新进行合同约定的试验和试运行，试验和试运行的全部费用应由责任方承担。

15.2.4 除专用合同条款另有约定外，承包人应于缺陷责任期届满后7天内向发包人发出缺陷责任期届满通知，发包人应在收到缺陷责任期满通知后14天内核实承包人是否履行缺陷修复义务，承包人未能履行缺陷修复义务的，发包人有权扣除相应金额的维修费用。发包人应在收到缺陷责任期届满通知后14天内，向承包人颁发缺陷责任期终止证书。

【条文注释】根据《建设工程质量保证金管理办法》规定，缺陷责任期一般为1年，最长不超过2年，具体可由发、承包双方在合同中约定。缺陷责任期从工程通过竣工验收之日起计。由于承包人原因导致工程无法按规定期限进行竣工验收的，缺陷责任期从实际通过竣工验收之日起计。由于发包人原因导致工程无法按规定期限进行竣工验收的，在承包人提交竣工验收报告90天后，工程自动进入缺陷责任期。

【条文】

15.3 质量保证金

经合同当事人协商一致扣留质量保证金的，应在专用合同条款中予以明确。

在工程项目竣工前，承包人已经提供履约担保的，发包人不得同时预留工程质量保证金。

15.3.1 承包人提供质量保证金的方式

承包人提供质量保证金有以下三种方式：

（1）质量保证金保函；

（2）相应比例的工程款；

（3）双方约定的其他方式。

除专用合同条款另有约定外，质量保证金原则上采用上述第（1）种方式。

15.3.2 质量保证金的扣留

质量保证金的扣留有以下三种方式：

（1）在支付工程进度款时逐次扣留，在此情形下，质量保证金的计算基数不包括预付款的支付、扣回以及价格调整的金额；

（2）工程竣工结算时一次性扣留质量保证金；

（3）双方约定的其他扣留方式。

除专用合同条款另有约定外，质量保证金的扣留原则上采用上述第（1）种方式。

发包人累计扣留的质量保证金不得超过工程价款结算总额的3%。如承包人在发包人签发竣工付款证书后28天内提交质量保证金保函，发包人应同时退还扣留的作为质量保证金的工程价款；保函金额不得超过工程价款结算总额的3%。

发包人在退还质量保证金的同时按照中国人民银行发布的同期同类贷款基准利率支付利息。

15.3.3 质量保证金的退还

缺陷责任期内，承包人认真履行合同约定的责任，到期后，承包人可向发包人申请返还保证金。

发包人在接到承包人返还保证金申请后，应于14天内会同承包人按照合同约定的内容进行核实。如无异议，发包人应当按照约定将保证金返还给承包人。对返还期限没有约定或者约定不明确的，发包人应当在核实后14天内将保证金返还承包人，逾期未返还的，依法承担违约责任。发包人在接到承包人返还保证金申请后14天内不予答复，经催告后14天内仍不予答复，视同认可承包人的返还保证金申请。

发包人和承包人对保证金预留、返还以及工程维修质量、费用有争议的，按本合同第20条约定的争议和纠纷解决程序处理。

【条文注释】本条约定了质量保证金的方式、扣留和退还。《建设工程质量保证金管理办法》第二条规定："本办法所称建设工程质量保证金（以下简称保证金）是指发包人与承包人在建设工程承包合同中约定，从应付的工程款中预留，用以保证承包人在缺陷责任期内对建设工程出现的缺陷进行维修的资金"。

（1）质量保证金的方式。本条约定了质量保证金的三种方式：质量保证金保函、相应比例的工程款以及双方约定的其他方式。根据《建设工程质量保证金管理办法》规定，推行银行保函制度，承包人可以银行保函替代预留保证金。在工程项目竣工前，已经缴纳履约保证金的，发包人不得同时预留工程质量保证金。采用工程质量保证担保、工程质量保险等其他保证方式的，发包人不得再预留保证金。

（2）质量保证金的扣留。根据《建设工程质量保证金管理办法》规定，发包人应按照合同约定方式预留保证金，保证金总预留比例不得高于工程价款结算总额的3%。合同约定由承包人以银行保函替代预留保证金的，保函金额不得高于工程价款结算总额的3%。

（3）质量保证金的退还。根据《建设工程质量保证金管理办法》规定，缺陷责任期内，承包人认真履行合同约定的责任，到期后，承包人向发包人申请返还保证金。发包人在接到承包人返还保证金申请后，应于14天内会同承包人按照合同约定的内容进行核实。如无异议，发包人应当在核实后14天内将保证金返还给承包人，逾期返还的，依法承担违约责任。发包人在接到承包人返还保证金申请后14天内不予答复，经催告后14日内仍不予答复，视同认可承包人的返还保证金申请。

【条文】

15.4　保修

15.4.1　保修责任

工程保修期从工程竣工验收合格之日起算，具体分部分项工程的保修期由合同当事人在专用合同条款中约定，但不得低于法定最低保修年限。在工程保修期内，承包人应当根据有关法律规定以及合同约定承担保修责任。

发包人未经竣工验收擅自使用工程的，保修期自转移占有之日起算。

15.4.2　修复费用

保修期内，修复的费用按照以下约定处理：

（1）保修期内，因承包人原因造成工程的缺陷、损坏，承包人应负责修复，并承担修复的费用以及因工程的缺陷、损坏造成的人身伤害和财产损失；

（2）保修期内，因发包人使用不当造成工程的缺陷、损坏，可以委托承包人修复，但发包人应承担修复的费用，并支付承包人合理利润；

（3）因其他原因造成工程的缺陷、损坏，可以委托承包人修复，发包人应承担修复的费用，并支付承包人合理的利润，因工程的缺陷、损坏造成的人身伤害和财产损失由责任方承担。

15.4.3　修复通知

在保修期内，发包人在使用过程中，发现已接收的工程存在缺陷或损坏的，应书面通知承包人予以修复，但情况紧急必须立即修复缺陷或损坏的，发包人可以口头通知承包人并在口头通知后48小时内书面确认，承包人应在专用合同条款约定的合理期限内到达工程现场并修复缺陷或损坏。

15.4.4　未能修复

因承包人原因造成工程的缺陷或损坏，承包人拒绝维修或未能在合理期限内修复缺陷或损坏，且经发包人书面催告后仍未修复的，发包人有权自行修复或委托第三方修复，所需费用由承包人承担。但修复范围超出缺陷或损坏范围的，超出范围部分的修复费用由发包人承担。

15.4.5　承包人出入权

在保修期内，为了修复缺陷或损坏，承包人有权出入工程现场，除情况紧急必须立即修复缺陷或损坏外，承包人应提前24小时通知发包人进场修复的时间。承包人进入工程现场前应获得发包人同意，且不应影响发包人正常的生产经营，并应遵守发包人有关保安和保密等规定。

【条文注释】本条约定了保修期限、保修费用和保修程序。

（1）保修期限。《建设工程质量管理条例》第39条规定："建设工程实行质量保修制度。

建设工程承包单位在向建设单位提交工程竣工验收报告时，应当向建设单位出具质量保修书。质量保修书中应当明确建设工程的保修范围、保修期限和保修责任等"。

第40条规定："在正常使用条件下，建设工程的最低保修期限为：（一）基础设施工程、房屋建筑的地基基础工程和主体结构工程，为设计文件规定的该工程的合理使用年限；（二）屋面防水工程、有防水要求的卫生间、房间和外墙面的防渗漏，为5年；（三）供热与供冷系统，为2个采暖期、供冷期；（四）电气管线、给排水管道、设备安装和装修工程，为2年。其他项目的保修期限由发包方与承包方约定。建设工程的保修期，自竣工验收合格之日起计算"。

（2）保修费用。《房屋建筑工程质量保修办法》（建设部令第80号）第13条规定："保修费用由质量缺陷的责任方承担"。

（3）保修程序。根据《房屋建筑工程质量保修办法》规定，房屋建筑工程在保修期限内出现质量缺陷，建设单位或者房屋建筑所有人应当向施工单位发出保修通知。施工单位接到保修通知后，应当到现场核查情况，在保修书约定的时间内予以保修。发生涉及结构安全或者严重影响使用功能的紧急抢修事故，施工单位接到保修通知后，应当立即到达现场抢修。

发生涉及结构安全的质量缺陷，建设单位或者房屋建筑所有人应当立即向当地建设行政主管部门报告，采取安全防范措施；由原设计单位或者具有相应资质等级的设计单位提出保修方案，施工单位实施保修，原工程质量监督机构负责监督。保修完后，由建设单位或者房屋建筑所有人组织验收。涉及结构安全的，应当报当地建设行政主管部门备案。施工单位不按工程质量保修书约定保修的，建设单位可以另行委托其他单位保修，由原施工单位承担相应责任。

【裁判观点】

最高人民法院裁判观点：根据双方合同约定，建设工程施工合同中关于各项工程保修期不一致的，如果其他工程保修期已满，但防水工程保修期未满的，防水工程质量保证金应单独按比例计算支付。❶

---

❶ 最高人民法院〔2014〕民一终字第90号民事判决书。

3.16 违 约

【条文】

16.1 发包人违约

16.1.1 发包人违约的情形

在合同履行过程中发生的下列情形，属于发包人违约：

（1）因发包人原因未能在计划开工日期前7天内下达开工通知的；

（2）因发包人原因未能按合同约定支付合同价款的；

（3）发包人违反第10.1款〔变更的范围〕第（2）项约定，自行实施被取消的工作或转由他人实施的；

（4）发包人提供的材料、工程设备的规格、数量或质量不符合合同约定，或因发包人原因导致交货日期延误或交货地点变更等情况的；

（5）因发包人违反合同约定造成暂停施工的；

（6）发包人无正当理由没有在约定期限内发出复工指示，导致承包人无法复工的；

（7）发包人明确表示或者以其行为表明不履行合同主要义务的；

（8）发包人未能按照合同约定履行其他义务的。

发包人发生除本项第（7）目以外的违约情况时，承包人可向发包人发出通知，要求发包人采取有效措施纠正违约行为。发包人收到承包人通知后28天内仍不纠正违约行为的，承包人有权暂停相应部位工程施工，并通知监理人。

16.1.2 发包人违约的责任

发包人应承担因其违约给承包人增加的费用和（或）延误的工期，并支付承包人合理的利润。此外，合同当事人可在专用合同条款中另行约定发包人违约责任的承担方式和计算方法。

16.1.3 因发包人违约解除合同

除专用合同条款另有约定外，承包人按第16.1.1项〔发包人违约的情形〕约定暂停施工满28天后，发包人仍不纠正其违约行为并致使合同目的不能实现的，或出现第16.1.1项〔发包人违约的情形〕第（7）目约定的违约情况，承包人有权解除合同，发包人应承担由此增加的费用，并支付承包人合理的利润。

16.1.4 因发包人违约解除合同后的付款

承包人按照本款约定解除合同的，发包人应在解除合同后28天内支付下列款项，并解除履约担保：

（1）合同解除前所完成工作的价款；

（2）承包人为工程施工订购并已付款的材料、工程设备和其他物品的价款；

（3）承包人撤离施工现场以及遣散承包人人员的款项；

（4）按照合同约定在合同解除前应支付的违约金；

（5）按照合同约定应当支付给承包人的其他款项；

（6）按照合同约定应退还的质量保证金；

（7）因解除合同给承包人造成的损失。

合同当事人未能就解除合同后的结清达成一致的，按照第20条〔争议解决〕的约定处理。

承包人应妥善做好已完工程和与工程有关的已购材料、工程设备的保护和移交工作，并将施工设备和人员撤出施工现场，发包人应为承包人撤出提供必要条件。

【条文注释】本条是关于发包人违约的约定。根据本条，除非发包人的违约达到法定解除条件，否则承包人对于发包人的违约行为应该经过通知纠正、暂停施工直至解除合同三个阶段。

根据《合同法》规定，违约责任类型包括承担继续履行、采取补救措施或者赔偿损失、支付违约金、定金罚则等。在建设工程施工合同中，适用的违约责任类型主要有继续履行、采取补救措施或者赔偿损失、支付违约金，而较少适用定金罚则。合同解除分为约定解除和法定解除。

（1）约定解除。《合同法》第93条规定："当事人协商一致，可以解除合同。

当事人可以约定一方解除合同的条件。解除合同的条件成就时，解除权人可以解除合同"。

（2）法定解除。《合同法》第94条规定："有下列情形之一的，当事人可以解除合同：（一）因不可抗力致使不能实现合同目的；（二）在履行期限届满之前，当事人一方明确表示或者以自己的行为表明不履行主要债务；（三）当事人一方迟延履行主要债务，经催告后在合理期限内仍未履行；（四）当事人一方迟延履行债务或者有其他违约行为致使不能实现合同目的；（五）法律规定的其他情形"。

16.1.1款〔发包人违约的情形〕第（7）项即属于《合同法》规定的法定解除合同事由。

此外，根据最高人民法院《关于审理建设工程施工合同纠纷案件适用法律问题的解释》第九条规定，发包人具有下列情形之一，致使承包人无法施工，且在催告的合理期限内仍未履行相应义务，承包人请求解除建设工程施工合同的，应予支持：（一）未按约定支付工程价款的；（二）提供的主要建筑材料、建筑构配件和设备不符合强制性标准的；（三）不履行合同约定的协助义务的。

【裁判观点】

（1）发包人未能按合同约定支付合同价款的，承包人享有优先受偿权。根据最高人民法院《关于装修装饰工程款是否享有合同法第二百八十六条规定的优先受偿权的函复》中所述，装修装饰工程属于建设工程，可以适用《中华人民共和国合同法》第286条关于优先受偿权的规定，但装修装饰工程的发包人不是该建筑物的所有权人或者承包人与该建筑物的所有权人之间没有合同关系的除外。享有优先权的承包人只能在建筑物因装修装饰而增加价值的范围内优先受偿。

（2）最高人民法院判观点：如果当事人在施工合同中明确约定了在承担利息之外还应赔偿损失或者承担其他违约责任的，则承包人在请求承担违约责任同时还请求支付相应约定的利息的，应当从其约定；如果当事人仅仅约定承担违约责任的方式，而未约定支付欠付工程款利息的，则此时不应再按照《最高人民法院关于审理建设工程施工合同纠纷案件适用法律问题的解释》第17条规定承担支付利息的责任，即承包人无权在请求发包人承担违约责任之外，再请求发包人支付欠付工程款利息。❶

【条文】

16.2　承包人违约

16.2.1　承包人违约的情形

在合同履行过程中发生的下列情形，属于承包人违约：

（1）承包人违反合同约定进行转包或违法分包的；

（2）承包人违反合同约定采购和使用不合格的材料和工程设备的；

（3）因承包人原因导致工程质量不符合合同要求的；

（4）承包人违反第8.9款〔材料与设备专用要求〕的约定，未经批准，私自将已按照合同约定进入施工现场的材料或设备撤离施工现场的；

（5）承包人未能按施工进度计划及时完成合同约定的工作，造成工期延误的；

（6）承包人在缺陷责任期及保修期内，未能在合理期限对工程缺陷进行修复，或拒绝按发包人要求进行修复的；

（7）承包人明确表示或者以其行为表明不履行合同主要义务的；

（8）承包人未能按照合同约定履行其他义务的。

承包人发生除本项第（7）目约定以外的其他违约情况时，监理人可向承包人发出整改通知，要求其在指定的期限内改正。

16.2.2　承包人违约的责任

承包人应承担因其违约行为而增加的费用和（或）延误的工期。此外，合同当事人可在专用合同条款中另行约定承包人违约责任的承担方式和计算方法。

16.2.3　因承包人违约解除合同

除专用合同条款另有约定外，出现第16.2.1项〔承包人违约的情形〕第（7）目约定的违约情况时，或监理人发出整改通知后，承包人在指定的合理期限内仍不纠正违约行为并致使合同目的不能实现的，发包人有权解除合同。合同解除后，因继续完成工程的需要，发包人有权使用承包人在施工现场的材料、设备、临时工程、承包人文件和由承包人或以其名义编制的其他文件，合同当事人应在专用合同条款约定相应费用的承担方式。发包人继续使用的行为不免除或减轻承包人应承担的违约责任。

---

❶　最高人民法院民事审判第一庭编：《民事审判指导与参考》总第49辑（2012）年【民事审判信箱】，《发包人同承包人仅就欠付工程款约定支付违约金，承包人是否还有权要求发包人在承担违约金责任之外支付欠付工程款的利息》，人民法院出版社，第246～266页。

16.2.4　因承包人违约解除合同后的处理

因承包人原因导致合同解除的，则合同当事人应在合同解除后28天内完成估价、付款和清算，并按以下约定执行：

（1）合同解除后，按第4.4款〔商定或确定〕商定或确定承包人实际完成工作对应的合同价款，以及承包人已提供的材料、工程设备、施工设备和临时工程等的价值；

（2）合同解除后，承包人应支付的违约金；

（3）合同解除后，因解除合同给发包人造成的损失；

（4）合同解除后，承包人应按照发包人要求和监理人的指示完成现场的清理和撤离；

（5）发包人和承包人应在合同解除后进行清算，出具最终结清付款证书，结清全部款项。

因承包人违约解除合同的，发包人有权暂停对承包人的付款，查清各项付款和已扣款项。发包人和承包人未能就合同解除后的清算和款项支付达成一致的，按照第20条〔争议解决〕的约定处理。

16.2.5　采购合同权益转让

因承包人违约解除合同的，发包人有权要求承包人将其为实施合同而签订的材料和设备的采购合同的权益转让给发包人，承包人应在收到解除合同通知后14天内，协助发包人与采购合同的供应商达成相关的转让协议。

【条文注释】本条是关于承包人违约的约定。根据本条，除非承包人的违约达到法定解除条件，否则发包人对于承包人的违约行为应该经过由监理人发出整改通知，直至解除合同两个阶段。

此外，最高人民法院《关于审理建设工程施工合同纠纷案件适用法律问题的解释》第8条规定："承包人具有下列情形之一，发包人请求解除建设工程施工合同的，应予支持：（一）明确表示或者以行为表明不履行合同主要义务的；（二）合同约定的期限内没有完工，且在发包人催告的合理期限内仍未完工的；（三）已经完成的建设工程质量不合格，并拒绝修复的；（四）将承包的建设工程非法转包、违法分包的"。

【裁判观点】

（1）《2011年全国民事审判工作会议纪要》第28条规定："人民法院在受理建设工程施工合同纠纷时，不能随意扩大《关于审理建设工程施工合同纠纷案件适用法律问题的解释》第二十六条第二款的适用范围，要严格控制实际施工人向与其没有合同关系的转包人、违法分包人、总承包人、发包人提起的民事诉讼，且发包人只在欠付工程价款范围内对实际施工人承担责任"。

（2）《2011年全国民事审判工作会议纪要》第29条规定："因违法分包、转包等导致建设工程合同无效的，实际施工人请求依据合同法第二百八十六条规定对建设工程行使优先受偿权的，不予支持"。

（3）最高人民法院裁判观点：施工合同依法被认为无效，意味着合同有效前提下的违

约责任、工程利润等约定均无法得到支持，因此该合同中关于违约金的约定属于无效条款。❶

【条文】

16.3 第三人造成的违约

在履行合同过程中，一方当事人因第三人的原因造成违约的，应当向对方当事人承担违约责任。一方当事人和第三人之间的纠纷，依照法律规定或者按照约定解决。

【条文注释】工程实践中，合同当事人往往会因为第三方原因造成违约，例如由于承包人负责采购的建筑材料，因供货商延迟交货导致工程工期延误的情形。依据合同的相对性原则，对于此类问题《合同法》第121条规定："当事人一方因第三人的原因造成违约的，应当向对方承担违约责任。当事人一方和第三人之间的纠纷，依照法律规定或者按照约定解决"。

3.17 不 可 抗 力

【条文】

17.1 不可抗力的确认

不可抗力是指合同当事人在签订合同时不可预见，在合同履行过程中不可避免且不能克服的自然灾害和社会性突发事件，如地震、海啸、瘟疫、骚乱、戒严、暴动、战争和专用合同条款中约定的其他情形。

不可抗力发生后，发包人和承包人应收集证明不可抗力发生及不可抗力造成损失的证据，并及时认真统计所造成的损失。合同当事人对是否属于不可抗力或其损失的意见不一致的，由监理人按第4.4款〔商定或确定〕的约定处理。发生争议时，按第20条〔争议解决〕的约定处理。

【条文注释】《合同法》规定："本法所称不可抗力，是指不能预见、不能避免并不能克服的客观情况"。

需要注意的是，根据本条约定，双方应该在专用条款中对于是否属于不可抗力提出客观明确的标准。例如地震等级、骚乱的影响程度等。

【条文】

17.2 不可抗力的通知

合同一方当事人遇到不可抗力事件，使其履行合同义务受到阻碍时，应立即通知合同另一方当事人和监理人，书面说明不可抗力和受阻碍的详细情况，并提供必要的证明。

不可抗力持续发生的，合同一方当事人应及时向合同另一方当事人和监理人提交中间报告，说明不可抗力和履行合同受阻的情况，并于不可抗力事件结束后28天内提交最终报告及有关资料。

---

❶ 最高人民法院〔2013〕民一终字第12号民事判决书。

【条文注释】《合同法》第 118 条规定："当事人一方因不可抗力不能履行合同的，应当及时通知对方，以减轻可能给对方造成的损失，并应当在合理期限内提供证明"。

【条文】

17.3 不可抗力后果的承担

17.3.1 不可抗力引起的后果及造成的损失由合同当事人按照法律规定及合同约定各自承担。不可抗力发生前已完成的工程应当按照合同约定进行计量支付。

17.3.2 不可抗力导致的人员伤亡、财产损失、费用增加和（或）工期延误等后果，由合同当事人按以下原则承担：

（1）永久工程、已运至施工现场的材料和工程设备的损坏，以及因工程损坏造成的第三人人员伤亡和财产损失由发包人承担；

（2）承包人施工设备的损坏由承包人承担；

（3）发包人和承包人承担各自人员伤亡和财产的损失；

（4）因不可抗力影响承包人履行合同约定的义务，已经引起或将引起工期延误的，应当顺延工期，由此导致承包人停工的费用损失由发包人和承包人合理分担，停工期间必须支付的工人工资由发包人承担；

（5）因不可抗力引起或将引起工期延误，发包人要求赶工的，由此增加的赶工费用由发包人承担；

（6）承包人在停工期间按照发包人要求照管、清理和修复工程的费用由发包人承担。

不可抗力发生后，合同当事人均应采取措施尽量避免和减少损失的扩大，任何一方当事人没有采取有效措施导致损失扩大的，应对扩大的损失承担责任。

因合同一方迟延履行合同义务，在迟延履行期间遭遇不可抗力的，不免除其违约责任。

【条文注释】本条约定了不可抗力造成损失的承担原则。《合同法》第 117 条规定："因不可抗力不能履行合同的，根据不可抗力的影响，部分或者全部免除责任，但法律另有规定的除外。当事人迟延履行后发生不可抗力的，不能免除责任"。

根据以上法律规定，由于不可抗力免除了对方责任，因此损失承担的总体原则是"各负其责，损失自担"。

【条文】

17.4 因不可抗力解除合同

因不可抗力导致合同无法履行连续超过 84 天或累计超过 140 天的，发包人和承包人均有权解除合同。合同解除后，由双方当事人按照第 4.4 款〔商定或确定〕商定或确定发包人应支付的款项，该款项包括：

（1）合同解除前承包人已完成工作的价款；

（2）承包人为工程订购的并已交付给承包人，或承包人有责任接受交付的材料、工程设备和其他物品的价款；

（3）发包人要求承包人退货或解除订货合同而产生的费用，或因不能退货或解除合同而产生的损失；

（4）承包人撤离施工现场以及遣散承包人人员的费用；

（5）按照合同约定在合同解除前应支付给承包人的其他款项；

（6）扣减承包人按照合同约定应向发包人支付的款项；

（7）双方商定或确定的其他款项。

除专用合同条款另有约定外，合同解除后，发包人应在商定或确定上述款项后28天内完成上述款项的支付。

【条文注释】本条约定了因不可抗力事件解除合同后的支付。

（1）合同解除。合同解除分为法定解除和约定解除。《合同法》第94条规定："有下列情形之一的，当事人可以解除合同：（一）因不可抗力致使不能实现合同目的……据此，本条约定，因不可抗力导致合同无法履行连续超过84天或累计超过140天的，发包人和承包人均有权解除合同"。

（2）解除后的价款支付。因不可抗力致使合同解除的，工程价款支付应遵循"客观实际发生、互不追究违约"的原则进行。即应支付款项限于已经完成的工程或必然发生的遣散、退货等费用，而不应包括违约金、预期利益等款项。

3.18 保　　险

【条文】

18.1　工程保险

除专用合同条款另有约定外，发包人应投保建筑工程一切险或安装工程一切险；发包人委托承包人投保的，因投保产生的保险费和其他相关费用由发包人承担。

【条文注释】原建设部与中国保险监督管理委员会联合印发的《关于推进建设工程质量保险工作的意见》指出：建设工程质量保险是一种转移在工程建设和使用期间有可能的质量缺陷引起的经济责任的方式，它由能够转移工程技术风险、落实质量责任的一系列保险产品组成，包括建筑工程一切险、安装工程一切险、工程质量保证保险和相关职业责任保险等。该《意见》同时指出，鼓励建设单位（或开发单位）牵头，就建设工程项目统一投保。

（1）建筑工程一切险是承保各类民用、工业和公用事业建筑工程项目，包括道路、桥梁、水坝、港口等，在建造过程中因自然灾害或意外事故而引起的一切损失的险种。

（2）安装工程一切险是承保安装机器、设备、储油罐、钢结构工程、起重机、吊车以及包含机械工程因素的各种安装工程的险种。

【条文】

18.2　工伤保险

18.2.1　发包人应依照法律规定参加工伤保险，并为在施工现场的全部员工办理工伤保险，缴纳工伤保险费，并要求监理人及由发包人为履行合同聘请的第三方依法参加工伤保险。

18.2.2 承包人应依照法律规定参加工伤保险，并为其履行合同的全部员工办理工伤保险，缴纳工伤保险费，并要求分包人及由承包人为履行合同聘请的第三方依法参加工伤保险。

【条文注释】本条是关于工伤保险的约定。《工伤保险条例》第2条规定："中华人民共和国境内的企业、事业单位、社会团体、民办非企业单位、基金会、律师事务所、会计师事务所等组织和有雇工的个体工商户（以下称用人单位）应当依照本条例规定参加工伤保险，为本单位全部职工或者雇工（以下称职工）缴纳工伤保险费。中华人民共和国境内的企业、事业单位、社会团体、民办非企业单位、基金会、律师事务所、会计师事务所等组织的职工和个体工商户的雇工，均有依照本条例的规定享受工伤保险待遇的权利"。据此，无论是发包人还是承包人，包括参与项目的监理单位、分包单位等，均应为本单位职工投保工伤保险。

2011年4月22日，《全国人民代表大会常务委员会关于修改〈中华人民共和国建筑法〉的决定》已由中华人民共和国第十一届全国人民代表大会常务委员会第二十次会议通过，决定对原《建筑法》将第四十八条作如下修改："建筑施工企业应当依法为职工参加工伤保险缴纳工伤保险费。鼓励企业为从事危险作业的职工办理意外伤害保险，支付保险费"。

【条文】

18.3 其他保险

发包人和承包人可以为其施工现场的全部人员办理意外伤害保险并支付保险费，包括其员工及为履行合同聘请的第三方的人员，具体事项由合同当事人在专用合同条款约定。

除专用合同条款另有约定外，承包人应为其施工设备等办理财产保险。

【条文注释】建设工程活动涉及的险种也较多。主要包括：建筑工程一切险（及第三者责任险）、安装工程一切险（及第三者责任险）、机器损坏险、机动车辆险、建筑职工意外伤害险、勘察设计责任保险、工程监理责任保险等。

根据《建筑法》修改决定："建筑施工企业应当依法为职工参加工伤保险缴纳工伤保险费。鼓励企业为从事危险作业的职工办理意外伤害保险，支付保险费。意外伤害险的性质从强制性保险变为自愿保险。"

【条文】

18.4 持续保险

合同当事人应与保险人保持联系，使保险人能够随时了解工程实施中的变动，并确保按保险合同条款要求持续保险。

【条文注释】《保险法》第51条规定："被保险人应当遵守国家有关消防、安全、生产操作、劳动保护等方面的规定，维护保险标的的安全。保险人可以按照合同约定对保险标的的安全状况进行检查，及时向投保人、被保险人提出消除不安全因素和隐患的书面建议。投保人、被保险人未按照约定履行其对保险标的的安全应尽责任的，保险人有权要求增加保险费或者解除合同。保险人为维护保险标的的安全，经被保险人同意，可以采取安全预防措施"。

根据以上法律规定，保险人有权了解施工现场保险标的的风险情况，因此各方应该保持沟通。

【条文】

18.5　保险凭证

合同当事人应及时向另一方当事人提交其已投保的各项保险的凭证和保险单复印件。

【条文注释】如果合同一方当事人按照约定投保了保险的，应向另一方当事人提交其已投保的各项保险的凭证和保险单复印件，以证明其履行了合同义务。

【条文】

18.6　未按约定投保的补救

18.6.1　发包人未按合同约定办理保险，或未能使保险持续有效的，则承包人可代为办理，所需费用由发包人承担。发包人未按合同约定办理保险，导致未能得到足额赔偿的，由发包人负责补足。

18.6.2　承包人未按合同约定办理保险，或未能使保险持续有效的，则发包人可代为办理，所需费用由承包人承担。承包人未按合同约定办理保险，导致未能得到足额赔偿的，由承包人负责补足。

【条文注释】本条约定投保义务方未按约定投保的补救。需要注意的是，适用本条约定的前提是，合同专用条款中明确约定了投保的保险品种和投保义务人。

【条文】

18.7　通知义务

除专用合同条款另有约定外，发包人变更除工伤保险之外的保险合同时，应事先征得承包人同意，并通知监理人；承包人变更除工伤保险之外的保险合同时，应事先征得发包人同意，并通知监理人。

保险事故发生时，投保人应按照保险合同规定的条件和期限及时向保险人报告。发包人和承包人应当在知道保险事故发生后及时通知对方。

【条文注释】如果合同中明确了投保义务人，则任何一方变更保险合同内容，应征得相对方的同意。

保险事故发生时，投保人应按照保险合同规定的条件和期限及时向保险人报告。《保险法》第21条规定："投保人、被保险人或者受益人知道保险事故发生后，应当及时通知保险人。故意或者因重大过失未及时通知，致使保险事故的性质、原因、损失程度等难以确定的，保险人对无法确定的部分，不承担赔偿或者给付保险金的责任，但保险人通过其他途径已经及时知道或者应当及时知道保险事故发生的除外"。

3.19 索　赔

【条文】

19.1　承包人的索赔

根据合同约定，承包人认为有权得到追加付款和（或）延长工期的，应按以下程序向发包人提出索赔：

（1）承包人应在知道或应当知道索赔事件发生后28天内，向监理人递交索赔意向通知书，并说明发生索赔事件的事由；承包人未在前述28天内发出索赔意向通知书的，丧失要求追加付款和（或）延长工期的权利；

（2）承包人应在发出索赔意向通知书后28天内，向监理人正式递交索赔报告；索赔报告应详细说明索赔理由以及要求追加的付款金额和（或）延长的工期，并附必要的记录和证明材料；

（3）索赔事件具有持续影响的，承包人应按合理时间间隔继续递交延续索赔通知，说明持续影响的实际情况和记录，列出累计的追加付款金额和（或）工期延长天数；

（4）在索赔事件影响结束后28天内，承包人应向监理人递交最终索赔报告，说明最终要求索赔的追加付款金额和（或）延长的工期，并附必要的记录和证明材料。

【条文注释】根据《建设工程工程量清单计价规范》规定，索赔是在工程合同履行过程中，合同当事人一方因非己方的原因而遭受损失，按合同约定或法律法规规定应由对方承担责任，从而向对方提出补偿的要求。《民法通则》第111条规定："当事人一方不履行合同义务或者履行合同义务不符合约定条件的，另一方有权要求履行或者采取补救措施，并有权要求赔偿损失"。

（1）根据本条规定，承包人的索赔程序包括递交索赔意向通知书、递交索赔报告、递交延续索赔通知、递交最终索赔报告等四个环节。需要注意的是，承包人未在规定期限内发出索赔意向通知书的，丧失要求追加付款和（或）延长工期的权利。

（2）对索赔证据的要求：

1）真实性。索赔证据必须是在实施合同过程中确定存在和发生的，必须完全反映实际情况，能经得住推敲。

2）全面性。所提供的证据应能说明事件的全过程。索赔报告中涉及的索赔理由、事件过程、影响、索赔数额等都应有相应证据，不能零乱和支离破碎。

3）关联性。索赔的证据应当能够互相说明，相互具有关联性，不能互相矛盾。

4）及时性。索赔证据的取得及提出应当及时，符合合同约定。

5）具有法律证明效力。一般要求证据必须是书面文件，有关记录、协议、纪要必须是双方签署的；工程中重大事件、特殊情况的记录、统计必须由合同约定的发包人现场代表或监理工程师签证认可。

【条文】

19.2 对承包人索赔的处理

对承包人索赔的处理如下：

（1）监理人应在收到索赔报告后 14 天内完成审查并报送发包人。监理人对索赔报告存在异议的，有权要求承包人提交全部原始记录副本；

（2）发包人应在监理人收到索赔报告或有关索赔的进一步证明材料后的 28 天内，由监理人向承包人出具经发包人签认的索赔处理结果。发包人逾期答复的，则视为认可承包人的索赔要求；

（3）承包人接受索赔处理结果的，索赔款项在当期进度款中进行支付；承包人不接受索赔处理结果的，按照第 20 条〔争议解决〕约定处理。

【条文注释】本条约定了监理人和发包人对于承包人索赔的处理程序。该阶段着重对于承包人提交的索赔证据进行审查。能够作为索赔证据的种类包括：

1）招标文件、工程合同、发包人认可的施工组织设计、工程图纸、技术规范等。

2）工程各项有关的设计交底记录、变更图纸、变更施工指令等。

3）工程各项经发包人或合同中约定的发包人现场代表或监理工程师签认的签证。

4）工程各项往来信件、指令、信函、通知、答复等。

5）工程各项会议纪要。

6）施工计划及现场实施情况记录。

7）施工日报及工长工作日志、备忘录。

8）工程送电、送水、道路开通、封闭的日期及数量记录。

9）工程停电、停水和干扰事件影响的日期及恢复施工的日期记录。

10）工程预付款、进度款拨付的数额及日期记录。

11）工程图纸、图纸变更、交底记录的送达份数及日期记录。

12）工程有关施工部位的照片及录像等。

13）工程现场气候记录，如有关天气的温度、风力、雨雪等。

14）工程验收报告及各项技术鉴定报告等。

15）工程材料采购、订货、运输、进场、验收、使用等方面的凭据。

16）国家和省级或行业建设主管部门有关影响工程造价、工期的文件、规定等。

【条文】

19.3 发包人的索赔

根据合同约定，发包人认为有权得到赔付金额和（或）延长缺陷责任期的，监理人应向承包人发出通知并附有详细的证明。

发包人应在知道或应当知道索赔事件发生后 28 天内通过监理人向承包人提出索赔意向通知书，发包人未在前述 28 天内发出索赔意向通知书的，丧失要求赔付金额和（或）延长缺陷责任期的权利。发包人应在发出索赔意向通知书后 28 天内，通过监理人向承包人正式递交索赔报告。

【条文注释】本条约定了发包人索赔的内容和程序。根据索赔的内容，可以将索赔分为经济索赔和时间索赔。本条规定，发包人的索赔内容为赔付金额和（或）延长缺陷责任期。同时要注意发包人索赔的时效性，发包人未在前述 28 天内发出索赔意向通知书的，丧失要求赔付金额和（或）延长缺陷责任期的权利。

【条文】

19.4　对发包人索赔的处理

对发包人索赔的处理如下：

（1）承包人收到发包人提交的索赔报告后，应及时审查索赔报告的内容、查验发包人证明材料；

（2）承包人应在收到索赔报告或有关索赔的进一步证明材料后 28 天内，将索赔处理结果答复发包人。如果承包人未在上述期限内作出答复的，则视为对发包人索赔要求的认可；

（3）承包人接受索赔处理结果的，发包人可从应支付给承包人的合同价款中扣除赔付的金额或延长缺陷责任期；发包人不接受索赔处理结果的，按第 20 条〔争议解决〕约定处理。

【条文注释】本条约定了承包人对于发包人索赔的处理。需要注意的是，本通用条款约定缺陷责任期最长不超过 24 个月，但是 FIDIC 合同条件中约定为缺陷通知期的延长不超过两年。

FIDIC《施工合同条件》11.3〔缺陷通知期的延长〕约定："如果因为某项缺陷或损害达到使工程、分项工程或某项主要生产设备（视情况而定，并在接收以后）不能按原定目的使用的程度，雇主应有权根据第 2.5 款〔雇主的索赔〕的规定对工程或某一分项工程的缺陷通知期限提出一个延长期。但是，缺陷通知期限的延长不得超过两年"。

【条文】

19.5　提出索赔的期限

（1）承包人按第 14.2 款〔竣工结算审核〕约定接收竣工付款证书后，应被视为已无权再提出在工程接收证书颁发前所发生的任何索赔。

（2）承包人按第 14.4 款〔最终结清〕提交的最终结清申请单中，只限于提出工程接收证书颁发后发生的索赔。提出索赔的期限自接受最终结清证书时终止。

【条文注释】根据本条，承包人索赔权分为两个阶段，接收竣工付款证书后，应被视为已无权再提出在工程接收证书颁发前所发生的任何索赔；最终结清申请单中只限于提出工程接收证书颁发后发生的索赔。提出索赔的期限自接受最终结清证书时终止。

3.20　争　议　解　决

【条文】

20.1　和解

合同当事人可以就争议自行和解，自行和解达成协议的经双方签字并盖章后作为合同补充文件，双方均应遵照执行。

【条文注释】《合同法》第 128 条规定："当事人可以通过和解或者调解解决合同争议"。

【条文】

20.2 调解

合同当事人可以就争议请求建设行政主管部门、行业协会或其他第三方进行调解，调解达成协议的，经双方签字并盖章后作为合同补充文件，双方均应遵照执行。

【条文注释】调解方式包括民间调解、行政调解、仲裁调解、诉讼调解等。其中合同当事人在仲裁、诉讼过程中在仲裁机构或人民法院的主持下达成的调解协议，效力与裁决书、判决书相同，具有强制约束力。

【条文】

20.3 争议评审

合同当事人在专用合同条款中约定采取争议评审方式解决争议以及评审规则，并按下列约定执行：

20.3.1 争议评审小组的确定

合同当事人可以共同选择一名或三名争议评审员，组成争议评审小组。除专用合同条款另有约定外，合同当事人应当自合同签订后 28 天内，或者争议发生后 14 天内，选定争议评审员。

选择一名争议评审员的，由合同当事人共同确定；选择三名争议评审员的，各自选定一名，第三名成员为首席争议评审员，由合同当事人共同确定或由合同当事人委托已选定的争议评审员共同确定，或由专用合同条款约定的评审机构指定第三名首席争议评审员。

除专用合同条款另有约定外，评审员报酬由发包人和承包人各承担一半。

20.3.2 争议评审小组的决定

合同当事人可在任何时间将与合同有关的任何争议共同提请争议评审小组进行评审。争议评审小组应秉持客观、公正原则，充分听取合同当事人的意见，依据相关法律、规范、标准、案例经验及商业惯例等，自收到争议评审申请报告后 14 天内作出书面决定，并说明理由。合同当事人可以在专用合同条款中对本项事项另行约定。

20.3.3 争议评审小组决定的效力

争议评审小组作出的书面决定经合同当事人签字确认后，对双方具有约束力，双方应遵照执行。

任何一方当事人不接受争议评审小组决定或不履行争议评审小组决定的，双方可选择采用其他争议解决方式。

【条文注释】本条借鉴 FIDIC《施工合同条件》和发改委《标准施工招标文件》的做法，设立专家解决工程争议机制，引导承发包双方能够高效、专业地解决工程争议，节约国家司法审判资源。但是需注意，本合同中的争议评审并不同于 FIDIC 合同条件下的"争端裁决委员会"（DAB）制度，并不具有"准仲裁"法律效果。

【条文】

20.4 仲裁或诉讼

因合同及合同有关事项产生的争议，合同当事人可以在专用合同条款中约定以下一种方式解决争议：

(1) 向约定的仲裁委员会申请仲裁；

(2) 向有管辖权的人民法院起诉。

【条文注释】本条是对发生合同纠纷后选择诉讼或仲裁的规定。

《合同法》第128条规定："当事人可以通过和解或者调解解决合同争议。当事人不愿和解、调解或者和解、调解不成的，可以根据仲裁协议向仲裁机构申请仲裁。涉外合同的当事人可以根据仲裁协议向中国仲裁机构或者其他仲裁机构申请仲裁。当事人没有订立仲裁协议或者仲裁协议无效的，可以向人民法院起诉。当事人应当履行发生法律效力的判决、仲裁裁决、调解书；拒不履行的，对方可以请求人民法院执行"。

(1) 仲裁

《仲裁法》第4条规定："当事人采用仲裁方式解决纠纷，应当双方自愿，达成仲裁协议。没有仲裁协议，一方申请仲裁的，仲裁委员会不予受理"。

第5条规定："当事人达成仲裁协议，一方向人民法院起诉的，人民法院不予受理，但仲裁协议无效的除外"。

第16条是对仲裁协议内容的规定："仲裁协议包括合同中订立的仲裁条款和以其他书面方式在纠纷发生前或者纠纷发生后达成的请求仲裁的协议。仲裁协议应当具有下列内容：(一) 请求仲裁的意思表示；(二) 仲裁事项；(三) 选定的仲裁委员会"。

第26条规定："当事人达成仲裁协议，一方向人民法院起诉未声明有仲裁协议，人民法院受理后，另一方在首次开庭前提交仲裁协议的，人民法院应当驳回起诉，但仲裁协议无效的除外；另一方在首次开庭前未对人民法院受理该案提出异议的，视为放弃仲裁协议，人民法院应当继续审理"。

(2) 诉讼

《最高人民法院关于适用〈中华人民共和国民事诉讼法〉的解释》❶ 第28条第二款规定："农村土地承包经营合同纠纷、房屋租赁合同纠纷、建设工程施工合同纠纷、政策性房屋买卖合同纠纷，按照不动产纠纷确定管辖"。根据《中华人民共和国民事诉讼法》规定，因不动产纠纷提起的诉讼，由不动产所在地人民法院管辖。结合两条规定说明建设工程施工合同纠纷属于专属管辖，由工程所在地的人民法院管辖。

【条文】

20.5 争议解决条款效力

合同有关争议解决的条款独立存在，合同的变更、解除、终止、无效或者被撤销均不

---

❶ 《最高人民法院关于适用〈中华人民共和国民事诉讼法〉的解释》已于2014年12月18日由最高人民法院审判委员会第1636次会议通过，自2015年2月4日起施行。

影响其效力。

【条文注释】

《合同法》第 57 条规定："合同无效、被撤销或者终止的，不影响合同中独立存在的有关解决争议方法的条款的效力"。

【裁判观点】

（1）最高人民法院裁判观点：当事人另行签订的建设工程施工合同补充合同中变更纠纷解决方式的约定有效。❶

（2）最高人民法院裁判观点：建设工程施工合同纠纷中实际施工人向发包方及承包方主张权利，应受发包方与承包方之间签署的合同约定的管辖约束。❷

---

❶ 最高人民法院民事审判第一庭编：《民事审判指导与参考》总第 51 辑（2012）年【民事审判信箱】，《当事人另行签订的建设工程施工合同补充合同中关于纠纷解决方式的变更约定是否有效》，人民法院出版社，第 237 页。

❷ 最高人民法院〔2014〕民一终字第 236 号民事裁定书。

第4章 《专用合同条款》编写指南

1. 一般约定

1.1 词语定义

1.1.1 合同

1.1.1.10 其他合同文件包括：<u>【范例】监理人发布的变更指示、工程签证，工程会</u>
<u>议纪要及备忘录</u>。

1.1.2 合同当事人及其他相关方

1.1.2.4 监理人：

名　　称：_____；

资质类别和等级：<u>【范例】房屋建筑工程专业甲级资质</u>；

【条文注释】参见建设部第 158 号令《工程监理企业资质管理规定》❶ 和《工程监理
企业资质标准》。

联系电话：_____；

电子信箱：_____；

通信地址：_____。

1.1.2.5 设计人：

名　　称：_____；

资质类别和等级：<u>【范例】建筑行业（建筑工程）甲级资质</u>；

【条文注释】参见原建设部第 160 号令《建设工程勘察设计资质管理规定》和《工程
设计资质标准》。

联系电话：_____；

电子信箱：_____；

通信地址：_____。

1.1.3 工程和设备

1.1.3.7 作为施工现场组成部分的其他场所包括：<u>【范例】某混凝土搅拌站（与施工</u>
<u>场地不在同一地块上）</u>。

1.1.3.9 永久占地包括：<u>【范例】详见《建设用地规划许可证》附图</u>。

---

❶ 《工程监理企业资质管理规定》被《住房和城乡建设部关于修改〈房地产开发企业资质管理规定〉等部门规
章的决定》修订，2015 年 5 月 4 日起实施；《建设工程勘察设计资质管理规定》被《住房城乡建设部关于修改〈勘察
设计注册工程师管理规定〉等 11 个部门规章的决定》修订，2016 年 10 月 20 日起实施。

1.1.3.10 临时占地包括：【范例】详见《建设用地规划许可证》附图（用地性质为临时用地）   。

【条文注释】参见《城乡规划法》第38条，第44条。

1.3 法律

适用于合同的其他规范性文件：【范例】某市财政局《政府投资项目财政评审办法》、某省住房和城乡建设厅《关于保障房户型设计方案的要求》   。

【条文注释】若合同双方当事人根据工程所在地的特殊情况，需要特别约定适用法律和行政法规以外的其他地方性法规、行政规章等，应在此处明确约定。

1.4 标准和规范

1.4.1 适用于工程的标准规范包括：_____。

1.4.2 发包人提供国外标准、规范的名称：_____；

发包人提供国外标准、规范的份数：_____；

发包人提供国外标准、规范的名称：_____。

1.4.3 发包人对工程的技术标准和功能要求的特殊要求：_____。

1.5 合同文件的优先顺序

合同文件组成及优先顺序为：

【范例】（1）补充协议、会议纪要；

（2）专用合同条款及其附件；

（3）合同协议书；

（4）中标通知书（如果有）；

（5）投标函及其附录（如果有）；

（6）通用合同条款；

（7）技术标准和要求；

（8）图纸；

（9）已标价工程量清单或预算书；

（10）其他合同文件。

1.6 图纸和承包人文件

1.6.1 图纸的提供

发包人向承包人提供图纸的期限：【范例】工程开工14日前   ；

发包人向承包人提供图纸的数量：【范例】4套   ；

发包人向承包人提供图纸的内容：【范例】总平面图、建筑施工图、结构施工图、给水排水施工图、建筑电气施工图、热力通风与空气调节施工图。

【条文注释】参见《建筑工程设计文件编制深度规定》❶ 住房和城乡建设部文件建质

---

❶ 2016年11月17日住房和城乡建设部重新印发《建筑工程设计文件编制深度规定》，于2017年1月1日起实施。

函〔2016〕247号。

1.6.4　承包人文件

需要由承包人提供的文件，包括：【范例】（1）某部分工程的大样图；（2）某工程设备的加工图……　　　　　　　　　　　　　　　　　　　　　　　　　　　　；

承包人提供的文件的期限为：【范例】该文件使用前14天　　　　　　　；

承包人提供的文件的数量为：【范例】一式六份　　　　　　　　　　；

承包人提供的文件的形式为：【范例】纸质文件五份，电子文件一份　　　；

发包人审查承包人文件的期限：＿＿＿＿＿＿＿＿＿＿＿＿＿＿＿＿＿＿。

1.6.5　现场图纸准备

关于现场图纸准备的约定：＿＿＿＿＿＿＿＿＿＿＿＿＿＿＿＿＿＿。

1.7　联络

1.7.1　发包人和承包人应当在【范例】　　1天内将与合同有关的通知、批准、证明、证书、指示、指令、要求、请求、同意、意见、确定和决定等书面函件送达对方当事人。

1.7.2　发包人接收文件的地点：＿＿＿＿＿＿＿＿＿＿＿；

发包人指定的接收人为：＿＿＿＿＿＿＿＿＿＿＿＿＿。

承包人接收文件的地点：＿＿＿＿＿＿＿＿＿＿＿＿；

承包人指定的接收人为：＿＿＿＿＿＿＿＿＿＿＿＿＿。

监理人接收文件的地点：＿＿＿＿＿＿＿＿＿＿＿＿；

监理人指定的接收人为：＿＿＿＿＿＿＿＿＿＿＿＿＿。

1.10　交通运输

1.10.1　出入现场的权利

关于出入现场的权利的约定：【范例】无　　　　　　　　　　　　。

1.10.3　场内交通

关于场外交通和场内交通的边界的约定：【范例】施工现场封闭围挡范围以内为场内交通；范围以外为场外交通　　　　　　　　　　　　　　　　　　　　　。

关于发包人向承包人免费提供满足工程施工需要的场内道路和交通设施的约定：【范例】发包人向承包人提供的场内道路和交通设施应满足承包人施工方案所需全部大型机械设备和运输车辆进出施工现场及通行的需要　　　　　　　　　　　　　　　　。

1.10.4　超大件和超重件的运输

运输超大件或超重件所需的道路和桥梁临时加固改造费用和其他有关费用由【范例】发包人承担。

1.11　知识产权

1.11.1　关于发包人提供给承包人的图纸、发包人为实施工程自行编制或委托编制的技术规范以及反映发包人关于合同要求或其他类似性质的文件的著作权的归属：【范例】发包人对上述文件享有完整的著作权　　　　　　　　　　　　　　　　　　　。

关于发包人提供的上述文件的使用限制的要求：【范例】承包人未经发包人同意，使

用上述文件申报奖项或者公开推广宣传

_____。

1.11.2　关于承包人为实施工程所编制文件的著作权的归属：【范例】除署名权以外，承包人对于上述文件享有著作权的其他权利 _____。

【条文注释】著作权的内容。著作人身权包括发表权、署名权、修改权、保护作品完整权；著作财产权包括使用权、许可使用权、转让权、获得报酬权。

关于承包人提供的上述文件的使用限制的要求：【范例】承包人未经发包人同意，不得使用上述文件申报奖项或者公开推广宣传 _____。

1.11.4　承包人在施工过程中所采用的专利、专有技术、技术秘密的使用费的承担方式：无 _____。

1.13　工程量清单错误的修正

出现工程量清单错误时，是否调整合同价格：【范例】调整合同价格 _____。

允许调整合同价格的工程量偏差范围：【范例】≥±15％ _____。

2. 发包人

2.2　发包人代表

发包人代表：

姓　　　名：_____；

身份证号：_____；

职　　　务：_____；

联系电话：_____；

电子信箱：_____；

通信地址：_____。

发包人对发包人代表的授权范围如下：【范例】除以下事项以外，发包人代表有权处理合同履行过程中与发包人有关的事宜：

（1）发布暂停施工命令

（2）同意组织竣工验收

（3）签认竣工付款证书

（4）签发工程接收证书

（5）签发缺陷责任终止证书

（6）签发最终结清证书……。

2.4　施工现场、施工条件和基础资料的提供

2.4.1　提供施工现场

关于发包人移交施工现场的期限要求：【范例】无 _____。

2.4.2　提供施工条件

关于发包人应负责提供施工所需要的条件，包括：【范例】无 _____。

2.5　资金来源证明及支付担保

发包人提供资金来源证明的期限要求：【范例】无_____。

发包人是否提供支付担保：【范例】是_____。

发包人提供支付担保的形式：【范例】银行保函_____。

3. 承包人

3.1 承包人的一般义务

（9）承包人提交的竣工资料的内容：【范例】1）单位（子单位）工程质量控制资料核查记录；2）单位（子单位）工程安全和功能检验资料核查及主要功能抽查记录；3）单位（子单位）工程观感质量检查记录；4）工程质量评估报告；5）勘察文件质量检查报告；6）设计文件质量检查报告；7）规划验收文件；8）消防验收文件；9）环保验收文件；10）房屋建筑工程质量保修书；11）住宅质量保证书；12）住宅使用说明书；13）工程竣工验收申请表；14）单位（子单位）工程质量竣工验收；15）工程竣工验收报告；16）建设工程施工安全评价书。

承包人需要提交的竣工资料套数：【范例】5 套_____。

承包人提交的竣工资料的费用承担：【范例】承包人承担_____。

承包人提交的竣工资料移交时间：【范例】工程竣工验收合格后 7 日内_____。

承包人提交的竣工资料形式要求：【范例】纸质 4 套，电子扫描文档 1 套_____。

（10）承包人应履行的其他义务：【范例】严格执行建筑节能相关法律法规，在施工过程中节约资源，杜绝浪费_____。

3.2 项目经理

3.2.1 项目经理：

姓　　　名：_____；

身份证号：_____；

建造师执业资格等级：_____；

建造师注册证书号：_____；

建造师执业印章号：_____；

安全生产考核合格证书号：_____；

联系电话：_____；

电子信箱：_____；

通信地址：_____；

承包人对项目经理的授权范围如下：【范例】项目经理经承包人授权后代表承包人负责履行合同，但是下列事项必须经承包人同意，并加盖承包人单位公章方为有效：

1）与本工程相关的任何补充协议的签订；

2）与本工程相关的任何分包合同、采购合同、聘任合同的签订；

3）同意涉及合同价款变化超过 1 万元或合同工期变化超过 3 天的变更指示；

4）进度款支付申请；

5）竣工验收申请；

6）最终结清申请单……

_____。

关于项目经理每月在施工现场的时间要求：【范例】25 天　　　　。

承包人未提交劳动合同，以及没有为项目经理缴纳社会保险证明的违约责任：【范例】监理人限期承包人在收到提交要求后 3 日内补交，并承担违约金 1 万元；3 日内不能补交的，发包人有权要求承包人更换项目经理，并承担违约金 3 万元。由此增加的费用和（或）延误的工期由承包人承担。

项目经理未经批准，擅自离开施工现场的违约责任：【范例】擅自离场≤3 天的，承包人应承担违约金 1 万元；擅自离场＞3 天的，发包人有权要求承包人更换项目经理，并承担违约金 3 万元。由此增加的费用和（或）延误的工期由承包人承担。

3.2.3　承包人擅自更换项目经理的违约责任：【范例】原项目经理如能够继续履行职责的，监理人应责令承包人撤销其更换决定，承包人应承担违约金 1 万元；如原项目经理客观上已经无法继续履行职责的，发包人有权要求审核确认承包人更换的项目经理，承包人应承担违约金 3 万元。由此增加的费用和（或）延误的工期由承包人承担。

3.2.4　承包人无正当理由拒绝更换项目经理的违约责任：【范例】监理人应在承包人接到第二次更换通知第 29 日书面通知该项目经理停止工作，并指示暂时停止施工。按照 7.8.2 款［承包人原因引起的暂停施工］处理。

3.3　承包人人员

3.3.1　承包人提交项目管理机构及施工现场管理人员安排报告的期限：【范例】无

_____。

3.3.3　承包人无正当理由拒绝撤换主要施工管理人员的违约责任：【范例】监理人应再次发出通知要求承包人 3 天之内予以更换，并承担违约责任 5000 元；如承包人在接到第二次通知 3 天内仍拒绝更换的，监理人应书面通知该主要施工管理人员停止工作，并指示暂时停止施工。按照 7.8.2 款［承包人原因引起的暂停施工］处理。

3.3.4　承包人主要施工管理人员离开施工现场的批准要求　　　　【范例】无

_____。

3.3.5　承包人擅自更换主要施工管理人员的违约责任：【范例】原管理人员如能够继续履行职责的，监理人应责令承包人撤销其更换决定，承包人应承担违约金 5000 元；如原管理人员客观上已经无法继续履行职责的，监理人有权要求审核确认承包人更换的管理人员，承包人应承担违约金 1 万元。由此增加的费用和（或）延误的工期由承包人承担。

承包人主要施工管理人员擅自离开施工现场的违约责任：【范例】擅自离场≤3 天的，承包人应承担违约金 5000 元；擅自离场＞3 天的，监理人有权要求承包人更换该管理人员，并承担违约金 1 万元。由此增加的费用和（或）延误的工期由承包人承担。

3.5　分包

3.5.1　分包的一般约定

禁止分包的工程包括：【范例】主体结构、关键性工作及以下专业工程：（1）地基与基础工程（2）钢结构工程。

【条文注释】参见建设部《建筑业企业资质标准》[1]（建市〔2014〕159 号）

主体结构、关键性工作的范围：【范例】主体结构：包括墙体、柱、梁、板、楼梯和屋面；不得分包的关键性工作包括：模板工程、钢筋工程、混凝土工程和砌体工程
_____。

3.5.2　分包的确定

允许分包的专业工程包括：【范例】建筑幕墙工程专业、预拌商品混凝土专业……
_____。

【条文注释】参见建设部《建筑业企业资质标准》（建市〔2014〕159 号）

其他关于分包的约定：【范例】无_____。

3.5.4　分包合同价款

关于分包合同价款支付的约定：【范例】无_____。

3.6　工程照管与成品、半成品保护

承包人负责照管工程及工程相关的材料、工程设备的起始时间：【范例】无
_____。

3.7　履约担保

承包人是否提供履约担保：【范例】提供_____。

承包人提供履约担保的形式、金额及期限的：【范例】履约担保形式：银行保函；金额为签约合同价 10%；担保有效期自签订的合同生效之日起至发包人签发或应签发工程接收证书之日止。其余事项约定见本合同附件 8_____。

4. 监理人

4.1　监理人的一般规定

关于监理人的监理内容：【范例】见《建设工程监理委托合同》
_____。

关于监理人的监理权限：【范例】见《建设工程监理委托合同》
_____。

关于监理人在施工现场的办公场所、生活场所的提供和费用承担的约定：【范例】见《建设工程监理委托合同》_____。

【条文注释】参见住建部、国家工商行政管理总局 2012 版《建设工程监理委托合同（示范文本）》。该范本通用条件 3.1 款［告知］约定：委托人应在委托人与承包人签订的合同中明确监理人、总监理工程师和授予项目监理机构的权限。如有变更，应及时通知承包人。

4.2　监理人员

---

[1]　2014 年 11 月 6 日中华人民共和国住房和城乡建设部修改了原《建筑业企业资质等级标准》，自 2015 年 1 月 1 日起施行。

总监理工程师：

姓　　　名：＿＿＿＿＿＿＿＿＿＿＿＿＿＿＿；

职　　　务：＿＿＿＿＿＿＿＿＿＿＿＿＿＿＿；

监理工程师执业资格证书号：＿＿＿＿＿＿＿；

联系电话：＿＿＿＿＿＿＿＿＿＿＿＿＿＿＿；

电子信箱：＿＿＿＿＿＿＿＿＿＿＿＿＿＿＿；

通信地址：＿＿＿＿＿＿＿＿＿＿＿＿＿＿＿；

关于监理人的其他约定：＿＿＿＿＿＿＿＿＿。

4.4　商定或确定

在发包人和承包人不能通过协商达成一致意见时，发包人授权监理人对以下事项进行确定：

【范例】（1）确定替代材料或工程设备的价格＿＿＿＿＿＿＿＿＿＿＿＿＿＿＿；

（2）确定变更工作的价格＿＿＿＿＿＿＿＿＿＿＿＿＿＿＿＿＿＿＿；

（3）确定变更工作的工期调整……＿＿＿＿＿＿＿＿＿＿＿＿＿＿＿。

5. 工程质量

5.1　质量要求

5.1.1　特殊质量标准和要求：【范例】无＿＿＿＿＿＿＿＿＿＿＿＿＿＿＿＿＿＿＿＿。

关于工程奖项的约定：【范例】如本工程成功申报"×××奖项"，发包人一次性奖励5万元　。

5.3　隐蔽工程检查

5.3.2　承包人提前通知监理人隐蔽工程检查的期限的约定：【范例】无＿＿＿＿＿＿＿＿＿＿＿＿＿＿＿＿。

监理人不能按时进行检查时，应提前＿＿【范例】无＿＿小时提交书面延期要求。

关于延期最长不得超过：【范例】无＿＿＿小时。

6. 安全文明施工与环境保护

6.1　安全文明施工

6.1.1　项目安全生产的达标目标及相应事项的约定：【范例】无＿＿＿＿＿＿＿＿＿＿＿＿＿＿＿＿＿＿＿＿＿＿＿＿＿＿＿＿＿＿＿＿＿＿＿＿＿。

6.1.4　关于治安保卫的特别约定：【范例】无＿＿＿＿＿＿＿＿＿＿＿＿＿＿＿＿＿＿＿＿＿＿＿＿＿＿＿＿＿＿＿＿＿＿＿＿＿。

关于编制施工场地治安管理计划的约定：【范例】无＿＿＿＿＿＿＿＿＿＿＿＿＿＿＿＿＿＿＿＿＿＿＿＿＿＿＿＿＿＿＿＿＿＿＿＿＿。

6.1.5　文明施工

合同当事人对文明施工的要求：【范例】无＿＿＿＿＿＿＿＿＿＿＿＿＿＿＿＿＿＿＿＿＿＿＿＿＿＿＿＿＿＿＿＿＿＿＿＿＿。

6.1.6　关于安全文明施工费支付比例和支付期限的约定：【范例】无

7. 工期和进度

7.1　施工组织设计

7.1.1　合同当事人约定的施工组织设计应包括的其他内容：【范例】无
。

7.1.2　施工组织设计的提交和修改

承包人提交详细施工组织设计的期限的约定：【范例】无
。

发包人和监理人在收到详细的施工组织设计后确认或提出修改意见的期限【范例】无
。

7.2　施工进度计划

7.2.2　施工进度计划的修订

发包人和监理人在收到修订的施工进度计划后确认或提出修改意见的期限【范例】无
。

7.3　开工

7.3.1　开工准备

关于承包人提交工程开工报审表的期限：【范例】无 。

关于发包人应完成的其他开工准备工作及期限：【范例】无
。

关于承包人应完成的其他开工准备工作及期限：【范例】无
。

7.3.2　开工通知

因发包人原因造成监理人未能在计划开工日期之日起【范例】无　　　天内发出开工通知的，承包人有权提出价格调整要求，或者解除合同。

7.4　测量放线

7.4.1　发包人通过监理人向承包人提供测量基准点、基准线和水准点及其书面资料的期限：【范例】无。

7.5　工期延误

7.5.1　因发包人原因导致工期延误

(7) 因发包人原因导致工期延误的其他情形：【范例】无
。

7.5.2　因承包人原因导致工期延误

因承包人原因造成工期延误，逾期竣工违约金的计算方法为：

【范例】每延期一天的违约金＝签约合同价×0.5‰
。

因承包人原因造成工期延误，逾期竣工违约金的上限：

【范例】签约合同价的 30％
。

7.6 不利物质条件

不利物质条件的其他情形和有关约定：【范例】无 _____

_____ 。

7.7 异常恶劣的气候条件

发包人和承包人同意以下情形视为异常恶劣的气候条件：

(1) 5 年一遇强度的降水 _____ ；

(2) 6 级以上大风 _____ ；

(3) 连续 3 天 40 摄氏度以上的高温 _____ 。

7.9 提前竣工的奖励

7.9.2 提前竣工的奖励：每提前竣工一日奖励金额＝签约合同价格×0.5‰ _____ 。

8. 材料与设备

8.4 材料与工程设备的保管与使用

8.4.1 发包人供应的材料设备的保管费用的承担：【范例】无 _____ 。

8.6 样品

8.6.1 样品的报送与封存

需要承包人报送样品的材料或工程设备，样品的种类、名称、规格、数量要求：【范例】见《样品报送表》 _____

_____ 。

8.8 施工设备和临时设施

8.8.1 承包人提供的施工设备和临时设施

关于修建临时设施费用承担的约定：【范例】无 _____ 。

9. 试验与检验

9.1 试验设备与试验人员

9.1.2 试验设备

施工现场需要配置的试验场所：【范例】设置工地试验室 _____

_____ 。

施工现场需要配备的试验设备：【范例】详见《拟配备本工程的试验和检测仪器设备表》

施工现场需要具备的其他试验条件：【范例】无 _____

_____ 。

9.4 现场工艺试验

现场工艺试验的有关约定：【范例】无 _____ 。

10. 变更

10.1 变更的范围

关于变更的范围的约定：【范例】无 _____ 。

10.4 变更估价

10.4.1　变更估价原则

关于变更估价的约定：【范例】无＿＿＿＿＿＿＿＿＿＿＿＿＿＿＿＿＿＿＿。

10.5　承包人的合理化建议

监理人审查承包人合理化建议的期限：【范例】无＿＿＿＿＿＿＿＿＿＿＿＿＿。

发包人审批承包人合理化建议的期限：【范例】无＿＿＿＿＿＿＿＿＿＿＿＿＿

＿＿＿＿＿＿＿＿＿＿＿＿＿＿＿＿＿＿＿＿＿＿＿＿＿＿＿＿＿＿＿＿。

承包人提出的合理化建议降低了合同价格或者提高了工程经济效益的奖励的方法和金额为：【范例】发包人奖励的金额为承包人合理化建议为发包人实现净收益的 50％

＿＿＿。

10.7　暂估价

暂估价材料和工程设备的明细详见附件 11：《暂估价一览表》。

10.7.1　依法必须招标的暂估价项目

对于依法必须招标的暂估价项目的确认和批准采取第【范例】＿＿＿1 种方式确定。

10.7.2　不属于依法必须招标的暂估价项目

对于不属于依法必须招标的暂估价项目的确认和批准采取第【范例】＿＿＿1 种方式确定。

第 3 种方式：承包人直接实施的暂估价项目

承包人直接实施的暂估价项目的约定：【范例】不适用＿＿＿＿＿＿＿＿＿＿＿＿

＿＿＿＿＿＿＿＿＿＿＿＿＿＿＿＿＿＿＿＿＿＿＿＿＿＿＿＿＿＿＿＿。

10.8　暂列金额

合同当事人关于暂列金额使用的约定：【范例】无＿＿＿＿＿＿＿＿＿＿＿＿＿

＿＿＿＿＿＿＿＿＿＿＿＿＿＿＿＿＿＿＿＿＿＿＿＿＿＿＿＿＿＿＿＿。

11. 价格调整

11.1　市场价格波动引起的调整

市场价格波动是否调整合同价格的约定：【范例】合同价格予以调整＿＿＿＿＿

＿＿＿＿＿＿＿＿＿＿＿＿＿＿＿＿＿＿＿＿＿＿＿＿＿＿。

因市场价格波动调整合同价格，采用以下第【范例】＿＿2 种方式对合同价格进行调整：

第 1 种方式：采用价格指数进行价格调整。

关于各可调因子、定值和变值权重，以及基本价格指数及其来源的约定：【范例】不适用＿＿＿；

第 2 种方式：采用造价信息进行价格调整。

（2）关于基准价格的约定：【范例】基准价格为发包人编制招标控制价时（非招标工程为合同签订时），工程所在地省级或行业建设主管部门或其授权的工程造价管理机构发布的最新信息价格。

专用合同条款①承包人在已标价工程量清单或预算书中载明的材料单价低于基准价格的：专用合同条款合同履行期间材料单价涨幅以基准价格为基础超过【范例】无＿＿％时，

或材料单价跌幅以已标价工程量清单或预算书中载明材料单价为基础超过【范例】无　 ％时，其超过部分据实调整。

② 承包人在已标价工程量清单或预算书中载明的材料单价高于基准价格的：专用合同条款合同履行期间材料单价跌幅以基准价格为基础超过【范例】无　 ％时，材料单价涨幅以已标价工程量清单或预算书中载明材料单价为基础超过【范例】无　 ％时，其超过部分据实调整。

③ 承包人在已标价工程量清单或预算书中载明的材料单价等于基准单价的：专用合同条款合同履行期间材料单价涨跌幅以基准单价为基础超过±【范例】无　 ％时，其超过部分据实调整。

第 3 种方式：其他价格调整方式：【范例】不适用

_____ 。

12. 合同价格、计量与支付

12.1　合同价格形式

1. 单价合同。

综合单价包含的风险范围：【范例】（1）对市场价格波动采用造价信息进行合同价格调整时，价格变化在约定幅度范围以内的；（2）承包人使用机械设备、施工技术以及组织管理水平等自身原因造成施工费用增加的，由承包人全部承担…… 　　 。

风险费用的计算方法：【范例】风险费用为清单综合单价的 5％ 　　　　　 。

风险范围以外合同价格的调整方法：【范例】（1）风险范围以外的合同价格，本合同条款有约定的，按照约定进行调整；（2）没有合同约定的，根据工程所在地省级或行业建设主管部门或其授权的工程造价管理机构发布的最新信息价格进行调整；（3）没有可以依据的价格信息的，按照合理的成本与利润构成的原则，由合同当事人按照第 4.4 款〔商定或确定〕确定价格。

2. 总价合同。

总价包含的风险范围：【范例】不适用 　　　　　　　　　　　　　 。

风险费用的计算方法：【范例】不适用 　　　　　　　　　　　　　 。

风险范围以外合同价格的调整方法：【范例】不适用 　　　　　　　 。

3. 其他价格方式：【范例】不适用 　　　　　　　　　　　　　　 。

12.2　预付款

12.2.1　预付款的支付

预付款支付比例或金额：【范例】签约合同价的 20％ 　　　　　 。

预付款支付期限：【范例】工程开工前 7 天一次性支付 　　　　 。

预付款扣回的方式：【范例】自发包人支付进度款（扣除预留质量保证金）达到签约合同价 10％ 的当月起扣，每月扣回承包人当月进度款（扣除预留质量保证金）的 25％。

12.2.2　预付款担保

承包人提交预付款担保的期限：【范例】无 　　　　　　　　　 。

预付款担保的形式为：【范例】银行保函

12.3　计量

12.3.1　计量原则

工程量计算规则：【范例】《全国统一建筑工程预算工程量计算规则》

12.3.2　计量周期

关于计量周期的约定：【范例】无

12.3.3　单价合同的计量

关于单价合同计量的约定：【范例】无

12.3.4　总价合同的计量

关于总价合同计量的约定：【范例】无

12.3.5　总价合同采用支付分解表计量支付的，是否适用第 12.3.4 项〔总价合同的计量〕约定进行计量：【范例】适用

12.3.6　其他价格形式合同的计量

其他价格形式的计量方式和程序：【范例】无

12.4　工程进度款支付

12.4.1　付款周期

关于付款周期的约定：【范例】无（与计量周期一致）

12.4.2　进度付款申请单的编制

关于进度付款申请单编制的约定：【范例】　因 11.1〔市场价格波动引起的调整〕和 11.2〔法律变化引起的调整〕导致的价格调整应包含在进度付款申请单中。

12.4.3　进度付款申请单的提交

（1）单价合同进度付款申请单提交的约定：【范例】无

（2）总价合同进度付款申请单提交的约定：【范例】无

（3）其他价格形式合同进度付款申请单提交的约定：【范例】无

12.4.4　进度款审核和支付

（1）监理人审查并报送发包人的期限：【范例】无

发包人完成审批并签发进度款支付证书的期限：【范例】无

（2）发包人支付进度款的期限：【范例】无

发包人逾期支付进度款的违约金的计算方式：

每逾期支付一日违约金＝签约合同价格×0.5‰

12.4　支付分解表的编制

2. 总价合同支付分解表的编制与审批：【范例】无

3. 单价合同的总价项目支付分解表的编制与审批：【范例】无

13. 验收和工程试车

13.1　分部分项工程验收

13.1.2　监理人不能按时进行验收时，应提前【范例】无　　小时提交书面延期要求。

关于延期最长不得超过：【范例】无_____小时。

13.2 竣工验收

13.2.2 竣工验收程序

关于竣工验收程序的约定：【范例】无_____

_____。

发包人不按照本项约定组织竣工验收、颁发工程接收证书的违约金的计算方法：【范例】无_____。

13.2.5 移交、接收全部与部分工程

承包人向发包人移交工程的期限：【范例】无_____。

发包人未按本合同约定接收全部或部分工程的，违约金的计算方法为：【范例】发包人自应当接收工程之日起，承担工程照管、成品保护、保管等与工程有关的各项费用；每逾期一天，应以签约合同价为基数，按照中国人民银行发布的同期同类贷款基准利率支付违约金。

承包人未按时移交工程的，违约金的计算方法为：【范例】按照专用合同条款 7.5.2 ［因承包人原因导致工期延误］处理。

13.3 工程试车

13.3.1 试车程序

工程试车内容：【范例】无_____。

（1）单机无负荷试车费用由【范例】承包人_____承担；

（2）无负荷联动试车费用由【范例】发包人_____承担。

13.3.3 投料试车

关于投料试车相关事项的约定：【范例】无_____。

13.6 竣工退场

13.6.1 竣工退场

承包人完成竣工退场的期限：【范例】颁发工程接收证书后 14 日内_____。

14. 竣工结算

14.1 竣工付款申请

承包人提交竣工付款申请单的期限：【范例】无_____。

竣工付款申请单应包括的内容：【范例】无_____。

14.2 竣工结算审核

发包人审批竣工付款申请单的期限：【范例】无_____。

发包人完成竣工付款的期限：【范例】无_____。

关于竣工付款证书异议部分复核的方式和程序：【范例】无_____。

14.4 最终结清

14.4.1 最终结清申请单

承包人提交最终结清申请单的份数：【范例】一式六份   。

承包人提交最终结算申请单的期限：【范例】无   。

14.4.2　最终结清证书和支付

（1）发包人完成最终结清申请单的审批并颁发最终结清证书的期限：【范例】无　　。

（2）发包人完成支付的期限：【范例】无   。

15. 缺陷责任期与保修

15.2　缺陷责任期

缺陷责任期的具体期限：【范例】24 个月   。

15.3　质量保证金

关于是否扣留质量保证金的约定：【范例】按照竣工结算价格的 3% 比例预留   。

在工程项目竣工前，承包人按专用合同条款第 3.7 条提供履约担保的，发包人不得同时预留工程质量保证金。

15.3.1　承包人提供质量保证金的方式

质量保证金采用以下第　　（2）　　种方式：

（1）质量保证金保函，保证金额为：　　　　　　　　　；

（2）　3　%的工程款；

（3）其他方式：　　　　　　　　　　　　　　　　　　。

15.3.2　质量保证金的扣留

质量保证金的扣留采取以下第　　（2）　　种方式：

（1）在支付工程进度款时逐次扣留，在此情形下，质量保证金的计算基数不包括预付款的支付、扣回以及价格调整的金额；

（2）工程竣工结算时一次性扣留质量保证金；

（3）其他扣留方式：　　　　　　　　　　　　　　　　。

关于质量保证金的补充约定：　　　　　　　　　　　　　　　　　　　　　。

15.4　保修

15.4.1　保修责任

工程保修期为：【范例】执行《建设工程质量管理条例》规定   。

15.4.3　修复通知

承包人收到保修通知并到达工程现场的合理时间：【范例】72 小时以内   。

16. 违约

16.1　发包人违约

16.1.1　发包人违约的情形

发包人违约的其他情形：【范例】（1）发包人不履行合同约定的协助义务的；（2）发包人没有正当理由，直接向分包人付款的……   。

【条文注释】参建《最高人民法院关于审理建设工程施工合同纠纷案件适用法律问题的解释》第 9 条。

16.1.2　发包人违约的责任

发包人违约责任的承担方式和计算方法：

（1）因发包人原因未能在计划开工日期前 7 天内下达开工通知的违约责任：【范例】无_____。

（2）因发包人原因未能按合同约定支付合同价款的违约责任：【范例】执行通用条款 12.2.1〔预付款的支付〕、12.4.4〔进度款审核和支付〕、14.2〔竣工结算审核〕的约定。

（3）发包人违反第 10.1 款〔变更的范围〕第（2）项约定，自行实施被取消的工作或转由他人实施的违约责任：【范例】如果该项取消工作发包人尚未实际自行实施或转由他人实施的，发包人应撤销转由他人实施的决定；如果该项取消工作发包人已经实际自行实施或转由他人实施的，发包人应根据投标人的投标文件，将该项工作利润的 50% 支付给承包人_____。

（4）发包人提供的材料、工程设备的规格、数量或质量不符合合同约定，或因发包人原因导致交货日期延误或交货地点变更等情况的违约责任：【范例】由发包人负责调换符合合同约定的材料或工程设备，由此产生的费用和（或）工期延误由发包人承担，并支付承包人合理的利润_____。

（5）因发包人违反合同约定造成暂停施工的违约责任：【范例】执行通用条款 7.8.1〔发包人原因引起的暂停施工〕。_____

（6）发包人无正当理由没有在约定期限内发出复工指示，导致承包人无法复工的违约责任：【范例】按照第 7.5.1 项〔因发包人原因导致工期延误〕约定办理_____。

（7）其他：【范例】无_____。

16.1.3　因发包人违约解除合同

承包人按 16.1.1 项〔发包人违约的情形〕约定暂停施工满【范例】无___天后发包人仍不纠正其违约行为并致使合同目的不能实现的，承包人有权解除合同。

16.2　承包人违约

16.2.1　承包人违约的情形

承包人违约的其他情形：【范例】无_____。

16.2.2　承包人违约的责任

承包人违约责任的承担方式和计算方法：【范例】无_____。

16.2.3　因承包人违约解除合同

关于承包人违约解除合同的特别约定：【范例】无_____。

发包人继续使用承包人在施工现场的材料、设备、临时工程、承包人文件和由承包人或以其名义编制的其他文件的费用承担方式：【范例】（1）发包人继续使用承包人在施工现场的材料、设备的，按照承包人投标文件填报单价支付费用，但是不包括利润；（2）发包人继续使用承包人临时工程的，由发包人支付租金，租金价格由双方协商，不能协商一致的由监理人确定；（3）发包人继续使用承包人文件和由承包人或以其名义编制的其他文件的，不支付费用。

17. 不可抗力

17.1 不可抗力的确认

除通用合同条款约定的不可抗力事件之外，视为不可抗力的其他情形：【范例】（1）工程所在地发生的 3.5 级以上地震；（2）导致工程暂停施工或医学观察需隔离的传染性疾病……。

17.4 因不可抗力解除合同

合同解除后，发包人应在商定或确定发包人应支付款项后【范例】<u>无</u> 天内完成款项的支付。

18. 保险

18.1 工程保险

关于工程保险的特别约定：【范例】<u>无</u>。

18.3 其他保险

关于其他保险的约定：【范例】<u>无</u>。

承包人是否应为其施工设备等办理财产保险：【范例】<u>应当办理</u>。

18.7 通知义务

关于变更保险合同时的通知义务的约定：【范例】<u>无</u>。

20. 争议解决

20.3 争议评审

合同当事人是否同意将工程争议提交争议评审小组决定：<u>同意将工程争议提交争议评审小组决定，并一致同意采用《北京仲裁委员会建设工程争议评审规则》</u>。

20.3.1 争议评审小组的确定

争议评审小组成员的确定：【范例】<u>三名争议评审员，选择方式执行通用条款</u>。

选定争议评审员的期限：【范例】<u>自合同签订后 28 天内</u>。

争议评审小组成员的报酬承担方式：【范例】<u>无</u>。

其他事项的约定：【范例】<u>争议评审员因客观原因无法履行职责的，由选定其作为评审员一方重新选定，首席争议评审员由双方共同重新选定</u>。

20.3.2 争议评审小组的决定

合同当事人关于本项的约定：【范例】<u>首席争议评审员或多数争议评审员认为评审争议时间不够时，有权延长合理的评审时间</u>。

20.4 仲裁或诉讼

因合同及合同有关事项发生的争议，按下列第<u>1</u>种方式解决：

（1）向【范例】<u>北京</u>仲裁委员会申请仲裁；

（2）向【范例】<u>合同签订地</u>人民法院起诉。

【条文注释】本条是关于合同争议解决方式的约定。

（1）根据《合同法》规定，当事人可以通过和解或者调解解决合同争议。当事人不愿和解、调解或者和解、调解不成的，可以根据仲裁协议向仲裁机构申请仲裁。涉外合同的当事人可以根据仲裁协议向中国仲裁机构或者其他仲裁机构申请仲裁。当事人没有订立仲裁协议或者仲裁协议无效的，可以向人民法院起诉。

（2）《最高人民法院关于适用〈中华人民共和国仲裁法〉若干问题的解释》第3条规定："仲裁协议约定的仲裁机构名称不准确，但能够确定具体的仲裁机构的，应当认定选定了仲裁机构"。

第七条规定："当事人约定争议可以向仲裁机构申请仲裁也可以向人民法院起诉的，仲裁协议无效。但一方向仲裁机构申请仲裁，另一方未在仲裁法第20条第2款规定期间内提出异议的除外"。

（3）《最高人民法院关于适用〈中华人民共和国民事诉讼法〉的解释》第28条第2款规定："农村土地承包经营合同纠纷、房屋租赁合同纠纷、建设工程施工合同纠纷、政策性房屋买卖合同纠纷，按照不动产纠纷确定管辖"。《中华人民共和国民事诉讼法》第33条第一项规定："下列案件，由本条规定的人民法院专属管辖：（一）因不动产纠纷提起的诉讼，由不动产所在地人民法院管辖"，结合两条规定说明建设工程施工合同纠纷属于专属管辖，由工程所在地的人民法院管辖。

第5章 合同附件格式及规范

5.1 承包人承揽工程项目一览表

单位工程名称	建设规模	建筑面积（平方米）	结构形式	层数	生产能力	设备安装内容	合同价格（元）	开工日期	竣工日期

【填写说明】

5.1.1 单位工程名称

1. 单项工程

根据《工程造价术语标准》（GB/T 50875—2013）第 2.1.7 条规定，单项工程为具有独立的设计文件，建成后能够独立发挥生产能力或使用功能的工程项目。

2. 单位工程

根据《建筑工程施工质量验收统一标准》（GB 50300—2013）规定单位工程应按下列原则划分：

（1）具备独立施工条件并能形成独立使用功能的建筑物或构筑物为一个单位工程；

（2）对于规模较大的单位工程，可将其能形成独立使用功能的部分划分为一个子单位工程。

3. 分部工程

根据《建筑工程施工质量验收统一标准》（GB 50300—2013）规定分部工程应按下列原则划分：

（1）可按专业性质、工程部位确定；

（2）当分部工程较大或较复杂时，可按材料种类、施工特点、施工程序、专业系统及类别将分部工程划分为若干子分部工程。

4. 分项工程

根据《建筑工程施工质量验收统一标准》（GB 50300—2013）规定分项工程可按主要工种、材料、施工工艺、设备类别进行划分。

5.1.2 建设规模:《建筑工程设计资质分级标准》(建设部建设〔1999〕9号)见《民用建筑工程设计等级分类》表。

《民用建筑工程设计等级分类》表

		特级	一级	二级	三级
一般公共建筑	单体建筑面积	8万 m² 以上	2万 m² 以上至 8万 m²	5千万 m² 以上至 8万 m²	5千万 m² 及以下
	立项投资	2亿元以上	4千万元以上至 2亿元	1千万元以上至 4千万元	1千万元及以下
	建筑高度	100m 以上	50m 以上至 100m	24m 以上至 50m	24m 及以下(其中砌体建筑不得超过抗震规范高度限值要求)
住宅、宿舍	层数		20层以上	12层以上至 20层	12层及以下(其中砌体建筑不得超过抗震规范层数限值要求)
住宅小区、工厂生活区	总建筑面积		10万 m² 以上	10万 m² 及以下	
地下工程	地下空间(总建筑面积)	5万 m² 以上	1万 m² 以上至 5万 m²	1万 m² 及以下	
	附建式人防(防护等级)		四级及以上	五级及以下	
特殊公共建筑	超限高层建筑抗震要求		抗震设防区特殊超限高层建筑	抗震设防区建筑高度 100m 及以下得一般超限高层建筑	
	技术复杂、有声、光、热、振动、视线等特殊要求		技术特别复杂	技术比较复杂	
	重要性		国家级经济、文化、历史、涉外等重点工程项目	省级经济、文化、历史、涉外等重点工程项目	

5.1.3 结构形式

混合结构、框架结构、剪力墙结构、框架－剪力墙结构、筒体结构、桁架结构、网架结构、拱式结构、悬索结构、薄壁空间结构等。

5.1.4 层数

按设计文件填写。

5.1.5 合同价格

指协议书中的签约合同价格。

5.1.6 开工日期和竣工日期

指协议书中的计划开工日期和计划竣工日期。

5.2 发包人供应材料设备一览表

序号	材料、设备品种	规格型号	单位	数量	单价（元）	质量等级	供应时间	送达地点	备注

【填写说明】

5.2.1 单价：应标明是否含税。

5.2.2 供应时间：应按照合同要求和计划进行供应，且不得影响项目施工进度。

5.3 工程质量保修书

发包人（全称）：_____

承包人（全称）：_____

发包人和承包人根据《中华人民共和国建筑法》和《建设工程质量管理条例》，经协商一致就_____（工程全称）签订工程质量保修书。

一、工程质量保修范围和内容

承包人在质量保修期内，按照有关法律规定和合同约定，承担工程质量保修责任。

质量保修范围包括地基基础工程、主体结构工程，屋面防水工程、有防水要求的卫生间、房间和外墙面的防渗漏，供热与供冷系统，电气管线、给排水管道、设备安装和装修工程，以及双方约定的其他项目。具体保修的内容，双方约定如下：

_____

_____。

二、质量保修期

根据《建设工程质量管理条例》及有关规定，工程的质量保修期如下：

1. 地基基础工程和主体结构工程为设计文件规定的工程合理使用年限；

2. 屋面防水工程、有防水要求的卫生间、房间和外墙面的防渗为_____年；

3. 装修工程为_____年；

4. 电气管线、给排水管道、设备安装工程为_____年；

5. 供热与供冷系统为_____个采暖期、供冷期；

6. 住宅小区内的给排水设施、道路等配套工程为_____年；

7. 其他项目保修期限约定如下：

_____

_____。

质量保修期自工程竣工验收合格之日起计算。

三、缺陷责任期

工程缺陷责任期为_____个月，缺陷责任期自工程通过竣工验收之日起计算。单位工程先于全部工程进行验收，单位工程缺陷责任期自单位工程验收合格之日起算。

缺陷责任期终止后，发包人应退还剩余的质量保证金。

四、质量保修责任

1. 属于保修范围、内容的项目，承包人应当在接到保修通知之日起 7 天内派人保修。承包人不在约定期限内派人保修的，发包人可以委托他人修理。

2. 发生紧急事故需抢修的，承包人在接到事故通知后，应当立即到达事故现场抢修。

3. 对于涉及结构安全的质量问题，应当按照《建设工程质量管理条例》的规定，立即向当地建设行政主管部门和有关部门报告，采取安全防范措施，并由原设计人或者具有相应资质等级的设计人提出保修方案，承包人实施保修。

4. 质量保修完成后，由发包人组织验收。

五、保修费用

保修费用由造成质量缺陷的责任方承担。

六、双方约定的其他工程质量保修事项：_____

_____

_____。

工程质量保修书由发包人、承包人在工程竣工验收前共同签署，作为施工合同附件，其有效期限至保修期满。

发包人（公章）：_____ 承包人（公章）：_____

地　　址：_____ 地　　址：_____

法定代表人（签字）： _____ 法定代表人（签字）： _____

委托代理人（签字）： _____ 委托代理人（签字）： _____

电　话： _____ 电　话： _____

传　真： _____ 传　真： _____

开户银行： _____ 开户银行： _____

账　号： _____ 账　号： _____

邮政编码： _____ 邮政编码： _____

【填写说明】

5.3.1　工程质量保修范围和内容：可以根据工程内容进行约定，如果涉及质量保修范围和内容未包含在《建设工程质量管理条例》，发包人与承包人可以补充约定。

5.3.2　质量保修期：《建设工程质量管理条例》第40条规定："在正常使用条件下，建设工程的最低保修期限为：（一）基础设施工程、房屋建筑的地基基础工程和主体结构工程，为设计文件规定的该工程的合理使用年限；（二）屋面防水工程、有防水要求的卫生间、房间和外墙面的防渗漏，为5年；（三）供热与供冷系统，为2个采暖期、供冷期；（四）电气管线、给水排水管道、设备安装和装修工程，为2年。其他项目的保修期限由发包方与承包方约定。建设工程的保修期，自竣工验收合格之日起计算"。

5.3.3　缺陷责任期：《建设工程质量保证金管理办法》第2条第3款规定："缺陷责任期一般为1年，最长不超过2年，由发、承包双方在合同中约定"。

5.3.4　双方约定的其他工程质量保修事项：建议明确承担保修义务的具体联系人、地址与联系方式，并明确本合同约定的地址与联系方式为双方工作联系、工程文件、法律文书及争议解决时人民法院或仲裁机构的法律文书送达地址与联系方式，任何一方当事人按照约定地址送达的，视为有效送达。

5.4　主要建设工程文件目录

文件名称	套数	费用（元）	质量	移交时间	责任人

【填写说明】

5.4.1　该附表所指主要建设工程文件不限于承包人向发包人提交的竣工档案和技术资料。主要建设工程文件包括两部分：

1. 由发包人向承包人提供的建设工程文件，包括但不限于（1）施工现场及工程施工所必需的毗邻区域内供水、排水、供电、供气、供热、通信、广播电视等地下管线资料，气象和水文观测资料，地质勘查资料，相邻建筑物、构筑物和地下工程等有关基础资料；（2）经审查合格的施工图纸；（3）发包人要求使用的国外标准和规范；（4）施工现场内外交通设施的技术参数和具体条件；（5）发包人资金来源证明；（6）测量基准点、基准线和水准点及其书面资料；（7）施工许可等各类审批及许可文件。

2. 由承包人向发包人提交的建设工程文件。包括但不限于：（1）经监理人审核批准的施工组织设计文件；（2）质量保证体系及措施计划；（3）安全技术措施和专项施工方案；（4）各类检验和验收记录；（5）申请进度款支付和竣工结算的计量文件；（6）提交竣工验收所需要的资料文件等。

5.4.2 质量：指提交工程文件的载体，如纸质或电子方式。

5.5 承包人用于本工程施工的机械设备表

序号	机械或设备名称	规格型号	数量	产地	制造年份	额定功率（kW）	生产能力	备注

【填写说明】

5.5.1 "机械或设备名称"、"规格型号"等具体信息应根据相关机械设备的生产合格证、产品说明书等出厂资料具体填写。

5.5.2 "备注"一栏建议注明该设备是承包人自有还是租赁，若是租赁，写明租赁主要信息，如租期、租金数额等，以备发生工程窝工、延期时计算相应费用和损失。

5.6 承包人主要施工管理人员表

名　　称	姓名	职务	职称	主要资历、经验及承担过的项目
一、总部人员				
项目主管				
其他人员				
二、现场人员				
项目经理				
项目副经理				
技术负责人				
造价管理				
质量管理				

名　　称	姓名	职务	职称	主要资历、经验及承担过的项目
二、现场人员				
材料管理				
计划管理				
安全管理				
其他人员				

【填写说明】

承包人主要施工管理人员应当与其投标文件中的人员保持一致，并且应当符合法律法规及招标文件规定的资格要求。管理人员的资格证书应当在有效期限内。

5.7　分包人主要施工管理人员表

名　　称	姓名	职务	职称	主要资历、经验及承担过的项目
一、总部人员				
项目主管				
其他人员				
二、现场人员				
项目经理				
项目副经理				
技术负责人				
造价管理				
质量管理				
材料管理				
计划管理				
安全管理				
其他人员				

如果发包人在招标文件明确工程非主体工程可以分包，且承包人在投标文件中已经明确工程拟分包人，则该分包人主要施工管理人员应当与投标文件中的分包人管理人员相一致；如果在合同履行过程中承包人决定将非主体工程分包，且经过发包人同意，则分包人主要施工管理人员应当报发包人备案。

5.8 履 约 担 保

_____（发包人名称）：

鉴于_____（发包人名称，以下简称"发包人"）与_____（承包人名称）（以下称"承包人"）于___年__月__日就_____（工程名称）施工及有关事项协商一致共同签订《建设工程施工合同》。我方愿意无条件地、不可撤销地就承包人履行与你方签订的合同，向你方提供连带责任担保。

1. 担保金额人民币（大写）_____元（￥_____）。

2. 担保有效期自你方与承包人签订的合同生效之日起至你方签发或应签发工程接收证书之日止。

3. 在本担保有效期内，因承包人违反合同约定的义务给你方造成经济损失时，我方在收到你方以书面形式提出的在担保金额内的赔偿要求后，在 7 天内无条件支付。

4. 你方和承包人按合同约定变更合同时，我方承担本担保规定的义务不变。

5. 因本保函发生的纠纷，可由双方协商解决，协商不成的，任何一方均可提请_____仲裁委员会仲裁。

6. 本保函自我方法定代表人（或其授权代理人）签字并加盖公章之日起生效。

担保人：_____（盖单位章）
法定代表人或其委托代理人：_____（签字）
地　　址：_____
邮政编码：_____
电　　话：_____
传　　真：_____

　　　　　　　　　　　　_____年_____月_____日

5.8.1　担保金额：根据《招标投标法》规定，招标文件要求中标人提交履约保证金的，中标人应当提交。《招标投标法实施条例》第五十八条规定："招标文件要求中标人提交履约保证金的，中标人应当按照招标文件的要求提交。履约保证金不得超过中标合同金额的 10％"。

5.8.2　应在专用条款和履约保函中明确发包人有权根据履约保函提出索赔的情形，

例如（1）承包人未按合同要求及时延长履约保证的有效期；（2）承包人未能及时向发包人支付应付的索赔款额；（3）承包人未能按要求及时修补缺陷；（4）由于承包人一方的原因而使发包人提出终止合同。

5.8.3　发包人和承包人可以约定，若发包人索赔或提取承包人的履约担保，承包人应于担保被索赔或提取之日起 28 天之内补足担保金额。

5.8.4　双方可以约定依据项目的进展，承包人是否有权要求解除部分履约担保。

5.8.5　履约担保中涉及争议解决方式的，应与主合同中的约定保持一致。

5.9　预付款担保

_____（发包人名称）：

根据_____（承包人名称）（以下称"承包人"）与_____（发包人名称）（以下简称"发包人"）于____年____月____日签订的_____（工程名称）《建设工程施工合同》，承包人按约定的金额向你方提交一份预付款担保，即有权得到你方支付相等金额的预付款。我方愿意就你方提供给承包人的预付款为承包人提供连带责任担保。

1. 担保金额人民币（大写）_____元（￥_____）。

2. 担保有效期自预付款支付给承包人起生效，至你方签发的进度款支付证书说明已完全扣清止。

3. 在本保函有效期内，因承包人违反合同约定的义务而要求收回预付款时，我方在收到你方的书面通知后，在 7 天内无条件支付。但本保函的担保金额，在任何时候不应超过预付款金额减去你方按合同约定在向承包人签发的进度款支付证书中扣除的金额。

4. 你方和承包人按合同约定变更合同时，我方承担本保函规定的义务不变。

5. 因本保函发生的纠纷，可由双方协商解决，协商不成的，任何一方均可提请_____仲裁委员会仲裁。

6. 本保函自我方法定代表人（或其授权代理人）签字并加盖公章之日起生效。

担保人：_____（盖单位章）

法定代表人或其委托代理人：_____（签字）

地　　址：_____

邮政编码：_____

电　　话：_____

传　　真：_____

_____年_____月_____日

147

5.9.1 预付款担保中涉及争议解决方式的，应与主合同中的约定保持一致。

5.9.2 随着预付款在进度付款中逐步扣回，应明确担保人是否有权要求相应减少预付款的担保金额。

5.10 支付担保

_____（承包人）：

鉴于你方作为承包人已经与_____（发包人名称）（以下称"发包人"）于__年__月___日签订了_____（工程名称）《建设工程施工合同》（以下称"主合同"），应发包人的申请，我方愿就发包人履行主合同约定的工程款支付义务以保证的方式向你方提供如下担保：

一、保证的范围及保证金额

1. 我方的保证范围是主合同约定的工程款。

2. 本保函所称主合同约定的工程款是指主合同约定的除工程质量保证金以外的合同价款。

3. 我方保证的金额是主合同约定的工程款的_____％，数额最高不超过人民币_____元（大写：_____）。

二、保证的方式及保证期间

1. 我方保证的方式为：连带责任保证。

2. 我方保证的期间为：自本合同生效之日起至主合同约定的工程款支付完毕之日后____日内。

3. 你方与发包人协议变更工程款支付日期的，经我方书面同意后，保证期间按照变更后的支付日期做相应调整。

三、承担保证责任的形式

我方承担保证责任的形式是代为支付。发包人未按主合同约定向你方支付工程款的，由我方在保证金额内代为支付。

四、代偿的安排

1. 你方要求我方承担保证责任的，应向我方发出书面索赔通知及发包人未支付主合同约定工程款的证明材料。索赔通知应写明要求索赔的金额，支付款项应到达的账号。

2. 在出现你方与发包人因工程质量发生争议，发包人拒绝向你方支付工程款的情形时，你方要求我方履行保证责任代为支付的，需提供符合相应条件要求的工程质量检测机构出具的质量说明材料。

3. 我方收到你方的书面索赔通知及相应的证明材料后 7 天内无条件支付。

五、保证责任的解除

1. 在本保函承诺的保证期间内，你方未书面向我方主张保证责任的，自保证期间届满次日起，我方保证责任解除。

2. 发包人按主合同约定履行了工程款的全部支付义务的，自本保函承诺的保证期间届满次日起，我方保证责任解除。

3. 我方按照本保函向你方履行保证责任所支付金额达到本保函保证金额时，自我方向你方支付（支付款项从我方账户划出）之日起，保证责任即解除。

4. 按照法律法规的规定或出现应解除我方保证责任的其他情形的，我方在本保函项下的保证责任亦解除。

5. 我方解除保证责任后，你方应自我方保证责任解除之日起__个工作日内，将本保函原件返还我方。

六、免责条款

1. 因你方违约致使发包人不能履行义务的，我方不承担保证责任。

2. 依照法律法规的规定或你方与发包人的另行约定，免除发包人部分或全部义务的，我方亦免除其相应的保证责任。

3. 你方与发包人协议变更主合同的，如加重发包人责任致使我方保证责任加重的，需征得我方书面同意，否则我方不再承担因此而加重部分的保证责任，但主合同第十条〔变更〕约定的变更不受本款限制。

4. 因不可抗力造成发包人不能履行义务的，我方不承担保证责任。

七、争议解决

因本保函或本保函相关事项发生的纠纷，可由双方协商解决，协商不成的，按下列第____种方式解决：

（1）向_____仲裁委员会申请仲裁；

（2）向_____人民法院起诉。

八、保函的生效

本保函自我方法定代表人（或其授权代理人）签字并加盖公章之日起生效。

担保人：_____（盖章）

法定代表人或委托代理人：_____（签字）

地　　址：_____

邮政编码：_____

传　　真：_____

_____年_____月_____日

【填写说明】

5.10.1　支付担保中涉及争议解决方式的，应与主合同中的约定保持一致。

5.10.2　随着进度款逐步支付，应明确担保人是否有权要求相应减少担保金额。

5.11 暂估价一览表

5.11-1：材料暂估价表

序号	名称	单位	数量	单价（元）	合价（元）	备注

5.11-2：工程设备暂估价表

序号	名称	单位	数量	单价（元）	合价（元）	备注

5.11-3：专业工程暂估价表

序号	专业工程名称	工程内容	金额

小计：

【填写说明】

5.11.1　上述表格中的材料和设备暂估单价应注明是否为含税单价。

5.11.2　根据《工程建设项目招标范围和规模标准规定》，与工程建设有关的重要设备、材料等的采购，若单项合同估算价在 100 万元人民币以上的，必须进行招标。材料暂估价表、工程设备暂估价表中的备注部分应明确是否达到必须进行招标的标准，且应明确招标的具体组织方式，包括承包人自行招标或承包人与发包人共同招标等。